农村财会人员财政支农政策培训教材

财政支农政策解读

（增补版）

中华会计函授学校　组编

中国财政经济出版社

图书在版编目（CIP）数据

财政支农政策解读：增补版/中华会计函授学校组编．—北京：中国财政经济出版社，2010.9

农村财会人员财政支农政策培训教材

ISBN 978－7－5095－1500－6

Ⅰ.①财…　Ⅱ.①中…　Ⅲ.①农业－财政政策－中国－教材　Ⅳ.①F812.8

中国版本图书馆 CIP 数据核字（2010）第 185309 号

责任编辑：樊　闽　　　　责任校对：李　丽

封面设计：陈　瑶　　　　版式设计：兰　波

中国财政经济出版社出版

URL：http：//www.cfeph.cn

E－mail：cfeph @ cfeph.cn

社址：北京市海淀区阜成路甲 28 号　邮政编码：100142

发行处电话：88190406　财经书店电话：64033436

北京财经印刷厂印刷　各地新华书店经销

880×1230 毫米　32 开　4.875 印张　110 000 字

2010 年 10 月第 1 版　2013 年　7 月北京第 9 次印刷

定价：15.00 元

ISBN 978－7－5095－1500－6/F·1295

（图书出现印装问题，本社负责调换）

本社质量投诉电话：010－88190744

反盗版举报热线：88190492、88190446

农村财会人员财政支农政策
培训教材编审组

组　长　李　赤

成　员　（按姓氏笔画排序）

王志强　王国星　王国瑾　王建国　王昌立
王慧杰　王镇修　牛秀炜　马金珠　马　琴
马瑞峰　韦华春　韦建春　韦德青　邓建华
石　明　石　鑫　白香燕　刘　军　刘　晨
刘建洲　刘逸云　闫戎华　农　坤　农作胜
杜中强　李千红　李亚力　李秀艳　李思源
李晓红　李桂三　李爱国　李湘昀　苏建华
吴林芳　吴解铭　何　晞　何元福　何玉生
张　辉　张　燮　张文靖　张志良　张春生
张晓娜　陈　晶　陈广平　陈振威　保卫民
姜玉成　施政坤　胡清云　胡　嵘　贺冬梅
赵志强　赵　勇　赵品毅　赵新安　夏　涛
高德义　常忠利　康　雁　曹恒悦　黄卫斌
黄英燕　黄琦真　黄腾达　彭高俊　程晓培
蒋汕泉　蒋腾锋　覃忠能　韩　粤　蓝茂辉
蒙治灵　谭鸿媚　翟国森　潘挺全　潘顺昌
魏娅楠　魏艳杰

前言

“农业丰则基础强，农民富则国家盛，农村稳则社会安”。党中央、国务院高度重视农业、农村、农民工作，作出了推进农村改革发展的一系列重大决策，各级财政加大了对“三农”的投入。随着支农资金规模的不断扩大，宣传支农政策，管好用好资金，提高使用效益，加强村级财务管理愈发重要。

为了进一步加强财政支农政策的宣传、贯彻和落实工作，加强村级财务管理，财政部于2008年12月印发了《财政部关于开展农村财会人员财政支农政策培训工作的通知》，决定在全国范围内开展农村财会人员财政支农政策培训工作。在部领导的关心、支持和部内相关司局的全力配合下，在各级财政部门的高度重视和共同努力下，培训工作开局良好，进展顺利，初见成效。我们也深刻体会到，开展农村财会人员财政支农政策培训工作是宣传、贯彻和落实财政支农政策，规范村级财务管理，推进村务公开和民主理财的有效途径，有利于加强农村党风廉政建设，推进农村惩治预防腐败体系建设；有利于提高涉农资金使用效益；有利于保障农民物质利益和民主权利，推动农村经济社会稳定和谐全面发展。

为了配合开展农村财会人员财政支农政策培训工作，财政部中华会计函授学校于2009年编写了《村集体经济组织会计》、《村集体经济组织财务管理》和《中华会计学习（增刊)》，基本满足了培训工作的需要。随着培训工作的不断深入，为适应分类培训的需要，进一步提高教材的针对性、实用性和可操作性，按照廖晓军副部长“教材编写要符合基层实际，坚决从呆板的说教模式中跳出来”的批示要求，财政部中华会计函授学校在认真分析现有教材使用情况和基层反馈意见、建议的基础上，组织力量深入河北、山东、河南、湖北、广东、四川、陕西等地，整理农村会计工作和财政支农政策执行的实际资料，编写了《村集体经济组织会计实务操作案例》和《财政支农政策解读》。

《村集体经济组织会计实务操作案例》以农村财务会计工作的流程为线索，依据村集体经济组织会计制度和会计基础工作规范的要求，用一个个生动的案例，将农村财务会计业务直观地展现出来。《财政支农政策解读》对财政支农政策进行分项目深入解读，每一项财政支农政策的解读由“政策介绍”和“应用实例”两部分组成。“政策介绍”部分是对具体财政支农政策进行分项详细讲解和说明，由财政部农业司、经济建设司、社会保障司、教科文司和农村综合改革办公室等司局编写；“应用实例”部分是搜集整理财政支农政策在基层农村具体实施中的实用操作流程或应用案例，由河南、陕西、江苏、广西、河北、宁夏和山西等省（区）基层财政部门中负责具体政策执行的人员编写。

财政部领导及有关司局对培训和教材工作高度重视，并给予了大力支持。财政部有关司局不仅承担了《财政支农政策解读》“政策介绍”部分的编写工作，而且对“应用实例”部分进行了审定，并提出宝贵意见；教材编写工作也得到了基层财政部门和中华会计函授学校基层办学单位的积极配合和大力协助；教材编审人员做了大量的调研工作，对书稿反复进行修改和审定，付出了艰辛的劳动。在此一并表示衷心感谢。

开展农村财会人员财政支农政策培训是一项新的工作，编写通俗易懂、简明适用的教材也是一个尝试。由于缺少经验，教材难免存在不足，欢迎提出宝贵意见和建议，以便进一步修订完善。

财政部中华会计函授学校

2010年6月

目录

一、农作物良种补贴政策

（一）政策背景

为推进我国优势农产品区域布局，提高良种覆盖率，提升农产品品质，促进粮食生产，中央财政从2002年起设立良种补贴专项资金，对农民购买良种给予补贴。

（二）补贴对象

小麦、水稻、玉米、棉花、大豆和油菜良种补贴给生产中使用农作物良种的农民和农场职工；马铃薯原种补贴给利用微型薯生产原种的企业和单位以及利用原种生产脱毒种薯的农民。

（三）补贴品种及范围

到2009年，补贴品种增加到大豆、小麦、玉米、水稻、棉花、油菜和马铃薯原种七个品种。其中小麦、玉米、水稻和棉花良种补贴实行全国全覆盖；大豆良种补贴在辽宁、吉林、黑龙江和内蒙古4个省（区）实行全覆盖；油菜良种补贴在长江中下游流域利用冬闲田种植冬油菜的区域全覆盖；马铃薯原种补贴在内蒙古、黑龙江等9个省（区、市）实施。

（四）补贴标准

大豆、小麦、玉米、油菜每亩补贴10元；棉花每亩补贴15元；早稻每亩补贴10元，中稻、晚稻和东北粳稻每亩补贴15元；利用微型薯生产原种每亩补贴500元，利用原种生产脱毒种薯每亩补贴100元。

（五）补贴发放方式

为了保证良种补贴资金落实到位，发挥实效，目前采取两种发放形式。一是直接发放现金，将补贴资金通过“一卡通”或“一折通”直接发放到农户手中；二是直接供应良种，由省级财政、农业部门组织招标采购良种，中标单位实行统一供种，财政补贴资金集中支付到中标单位，农民获得经补贴后价格优惠的良种。2009年，根据中央财政有关要求，水稻、玉米、油菜良种补贴必须采用直接发放现金的补贴方式。小麦、大豆和棉花良种补贴方式可以由各省（区、市）农业、财政部门结合本地实际选择确定。马铃薯原种补贴方式由地方自行确定。

应用实例一

村民王某，家庭人口6人，承包责任田5.3亩，常年以种植小麦、玉米为主，2009年种植玉米5亩、小麦5亩。经如下程序，王某领取到玉米良种补贴款和含有财政补贴的小麦良种。

（一）玉米良种补贴操作流程

玉米良种补贴操作流程如图1－1所示。

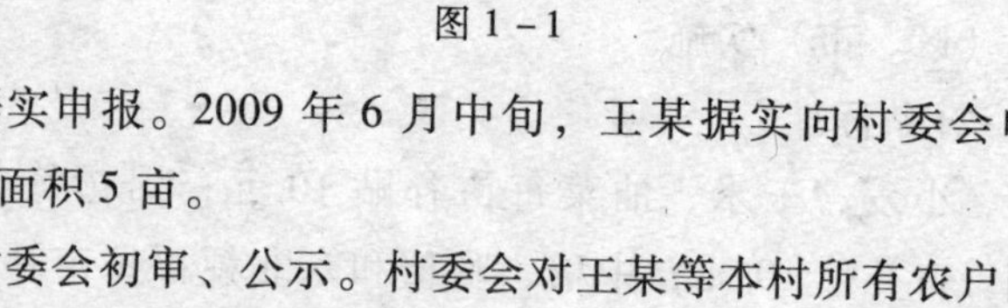

图1－1

1. 据实申报。2009年6月中旬，王某据实向村委会申报自家玉米种植面积5亩。

2. 村委会初审、公示。村委会对王某等本村所有农户的玉米种植面积进行逐户登记，按照每亩补贴10元的标准建立玉米良种补贴分户清册，并在村里公示7天。

3. 逐级上报申请补贴资金。公示无异议后，上报乡人民政府审核汇总。乡人民政府将汇总结果上报县农业局。县农业局复核确认后，交县财政局。县财政局会同县农村信用社，根据补贴分户清册将补贴资金存入农户的固定补贴存款账户。

4. 发放补贴兑现通知书。2009年10月份，乡财政所工作人员到村里发放补贴兑现通知书。王某领取通知书时，在分户清册上签字、按指印。

5. 领取补贴。领取通知书后，王某持本人身份证和“一折（卡）通”存折、良种补贴兑现通知书到乡农村信用社查询，补贴资金50元已存入“一折通”存折，信用社将补贴资金信息打印到存折上（玉米良种补贴为每亩10元）。

（二）小麦良种补贴操作流程

小麦良种补贴操作流程如图1－2所示。

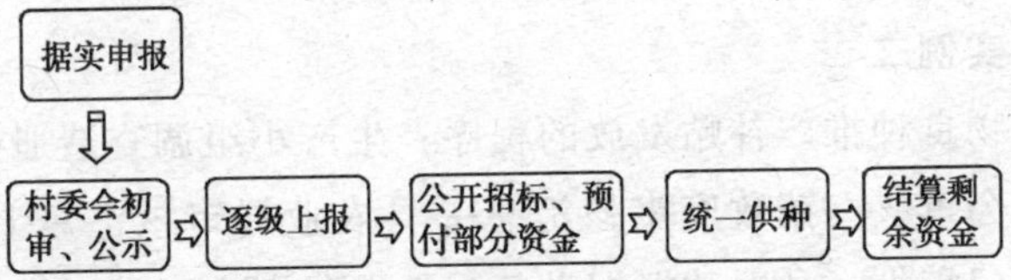

图1－2

1. 据实申报。2009年8月中旬，王某据实向村委会申报自家小麦计划种植面积5亩，并在省农业部门推荐的种子品种中选择了西农979。

2. 村委会初审、公示。村委会对王某等本村所有农户的小麦种植面积进行逐户登记，按照每亩用种量10公斤的标准进行造册，并在村里公示7天。

3. 逐级上报。公示无异议后，由乡里汇总逐级上报至市良种补贴项目工作领导小组。

4. 公开招标，预付部分资金。市良种补贴项目工作领导小组根据各县区上报小麦种植面积和品种、数量进行公开招标，确定供种企业。供种企业凭合同到县财政局申请预付70%的补贴资金。

5. 统一供种。市、县农业部门组织中标企业实行统一供种。9月下旬，供种企业将小麦种子送到村委会，农户可根据种植意向购买种子。王某购买了西农 979 小麦种子 100 斤，中标价每斤 1.66 元，需支付种子款 166 元，扣除 50 元补贴资金后（每亩用种量 10 公斤，按每亩均补贴 10 元折算每斤种子补贴 0.5 元），王某实际支付 116 元现金。王某购种时在供种单位登记销售折扣清册（小麦良种种植清册）上签字确认。

6. 结算剩余资金。小麦播种结束、正常出苗后，供种企业凭农业部门逐级审核确定的种植清册和农业部门确认的无种子质量问题书面意见等材料到县财政局结算剩余的 30% 补贴资金。

应用实例二

农作物良种推广补贴发放的程序：生产小组调查造册登记→公示→村委会审核→镇政府审核汇总→县农业局审核汇总上报→区、市相关部门审批→县财政根据批复文件拨付资金到镇财政所→公示→镇财政所通过农补网“一折（卡）通”发放→农户凭身份证领取。

村民张某，家庭人口 4 人，2009 年承包耕地面积 81 亩，其中水田 77 亩、旱地 4 亩。2009 年种植粮食作物面积 162 亩，其中水稻 154 亩（早稻、晚稻各 77 亩），玉米 8 亩（早、晚玉米各 4 亩），该户今年早稻种植品种为新两优 6 号、新两优 6380，晚稻种植品种是天丰优 998、Y 优 1 号，均属于良种补贴范围；早晚玉米种植的品种都是正大 999，也属于良种补贴范围。根据 2009 年区市有关良种补贴政策规定，今年早稻良种补贴 10 元/亩，晚稻良种补贴 15 元/亩，玉米良种补贴 10 元/亩。2009 年张某获得的良种补贴为 2 005元（早稻良种补贴 770 元、晚稻良种补贴 1 155 元、玉米良种补贴 80 元）。

二、农机购置补贴政策

（一）政策背景

为鼓励和支持农民使用先进适用的农业机械，加快推进农业机械化进程，提高农业综合生产能力，促进农业增产增效、农民节支增收，2004 年中央财政设立了农业机械购置补贴专项资金，并不断加大支持力度。

（二）补贴对象

符合补贴条件的农民（含农场职工）、直接从事农业生产的农机服务组织，以及符合条件的生鲜乳收购站。

（三）补贴比例

中央财政补贴资金按不超过机具价格的 30% 进行补贴；对江苏、安徽、江西、湖北、湖南、四川和云南血吸虫病重点防治地区开展“以机代牛”购买农机具，中央财政给予不超过农机具价格 50% 的补贴；对汶川地震重灾区县，中央财政补贴比例提高到 50%。

（四）补贴方式

农机购置补贴资金直接支付给农机供货方，农民将扣除补贴金额后的差价款支付供货方。

（五）补贴程序

中央财政将补贴资金拨付到省级财政部门。各地将年度补贴专项实施范围、补贴机具目录、程序和相关要求等，通过媒体及乡村公告等形式，及时向农民公布；项目实施区内的农民通过乡镇农机管理机构向县级农机主管部门提出购买补贴机具申请，县级农机主管部门根据有关规定和优先补贴条件进行审查，确定购机者名单和数量，经张榜公示后，与购机者签订购机补贴协议；购机者购机时向供货方提交购机补贴协议，并按扣除补贴金额后的机具差价款交款提货。供货方凭补贴协议和发票存根定期向省级农机主管部门提出结算申请，省级财政部门根据省级农机主管部门的审核意见和结算申请，向供货方结算补贴资金。

应用实例一

村民樊某，通过电视了解到农机购置补贴政策，打算购买一台收获机。经过以下程序，樊某购买到了国家补贴的农机。

具体操作流程如图 2 –1 所示。

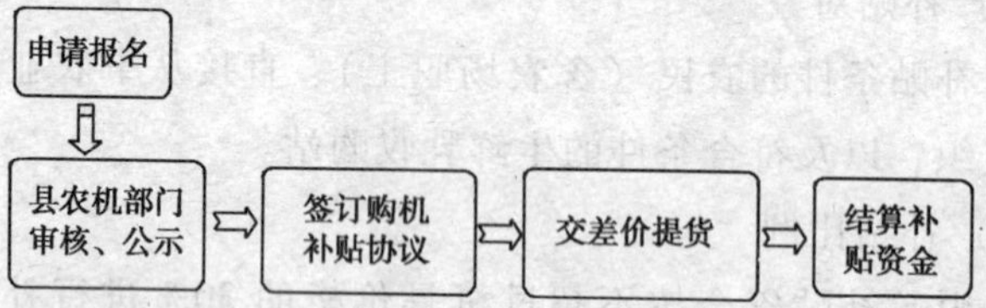

图 2 –1

1. 申请报名。樊某到县农机局领取农业机械购置申请表（见表 2 –1），在省农机局发布的年度补贴机具目录内选择中意的东方红玉米籽粒收获机。填写申请表，经所在乡政府同意盖章后，交到县农机局报名。

2. 县农机部门审核、公示。县农机局审查，根据该年下达的补贴额度和报名先后确定樊某为补贴对象，报上级农机部门备案；在县农机局公示栏张榜公示。

3. 签订购机补贴协议。公示无异议后，樊某与县农机局签订购机补贴协议（见表 2 –2）。

4. 交差价提货。樊某凭购机补贴协议和所有审批手续到市农机公司交差价款提货。该型号收获机市场价为 101 200 元，国家补贴3万元（按不超过机具价格30%的标准进行补贴），樊某只需交足差价款71 200元，即可提走所选购的东方红玉米籽粒收获机。

表2-1　　农业机械购置申请表

姓　名 （组织名称）		性　别		文化程度	
出生年月		从事农机工作年限或组织成立时间		报废拖拉机回收证明编号	
身份证号码（工商登记注册号）				联系电话	
现住址 （办公地址）				邮政编码	
申　请 购　机 情　况	机具品目	规格型号	生产厂家	购机数（台）	拟购机时间
乡镇农机管理机构意见	（章） 年　月　日				
县（市、区）农机管理部门意见	（章） 年　月　日				

备注：

1. 购机者属农业生产经营服务组织的需盖公章；

2. 此表一式三份，县级农机管理部门、乡镇农机管理机构、购机者各存一份。

表 2－2 **农业机械购置补贴协议** 协议编号________

甲方（县级农机主管部门）：

______________________________________ 联系电话__________

乙方（购机者）：

__________住址：______________________ 联系电话__________

为落实中央和省级财政购机补贴政策，做好购机工作，经双方协商，订立本协议。

一、乙方根据财政部、农业部《农业机械购置补贴专项资金使用管理暂行办法》的规定，自愿购买如下机具：

机具名称	机具型号	生产厂家	数量	价格	中央和省级财政补贴资金数额	地方财政补贴金额	实际支付金额

二、乙方在________月________日至________月________日期间，到甲方指定地点购机，缴纳扣除补贴资金后的机具差价款________元，并提交本协议。

三、甲方责任：

1. 落实中央与地方补贴资金；

2. 协调供货。

四、乙方承诺：

1. 按规定时间及时缴款购机。如放弃购机，应在本协议第二条约定的时间至少 10 天前通知甲方，并交回本协议；

2. 两年内不擅自转让所购机具。因特殊情况需转让的，须经甲方同意。

五、本协议未尽事宜，由甲乙双方协商解决。

六、本协议一式三份。甲方一份，乙方两份（购机时提交供货商一份）。

七、本协议自双方签字盖章后生效。

甲方（县级农机主管部门）： 乙方（购机者）：

代表签字： 代表签字：

签字时间： 签字时间：

（盖章） （盖章）

5. 结算补贴资金。市农机局对县农机局上报的购机数量、型号、购买人员情况、补贴协议等相关材料和农机生产厂家（供货商）提交的结算申请表、发票存根等材料进行审核，核对无误后报省农机局提出结算申请；省农机局审核无误后，出具结算清单，向省财政厅申请结算补贴资金。省财政厅在规定时间内予以审核并与农机生产厂家（供货商）结算补贴资金，将补贴资金拨入其指定账户。

应用实例二

办理农机购置补贴程序：政策下达（文件下达）→政策公示（召开县、镇、村级农机补贴购置工作会议、下发宣传单、张贴海报公示、××时讯和××电视台刊播政策公示，广泛宣传）→农户申请（农户到经销商处自主选择确定欲购机具型号后，凭身份证及复印件到县农机局农机购置补贴办公室申请补贴）→对象公示（确定补贴对象：按农户申请顺序审核确定对象及时公示）→签订补贴协议（公示后审定为补贴对象的农户与县农机局签订农机购置补贴协议）→农户按差价购机（农户凭农机购置补贴协议到经销商处，按农机具价格减去财政补贴额的差价款购机）→经销商申请结算补贴资金（确认购机后，经销商向财政部门申请财政补贴资金结算）→财政转账支付国家补贴资金。

村民陈某家庭人口4人，原有农机具手扶拖拉机1台，主要用于水田机耕，除了满足自家机耕，还加入镇农机专业合作社，为其他无机户提供有偿机耕服务，年机耕服务纯收入3 000多元。2009年到县农机局办理国家农机购置补贴，购买1台大型拖拉机（配套旋耕机1台），购机价格141 400元，中央财政补贴37 360元，个人出资104 040元。下半年通过农机合作社安排，陈某开始为附近村屯的种植大户提供旱地机耕服务，收入1万多元。通过国家补贴购买大型农机具，经营有了效益，家庭收入明显增加，农机作业收入占了全家收入的大头。陈某高兴地说：“国家支农惠农政策好，我们农民不但种田不用交税，还能享受到各种国家补贴。”

三、支持现代农业生产发展政策

（一）政策背景

根据党的十七大报告提出的“要加强农业基础地位，走中国特色农业现代化道路”、“坚持把发展现代农业、繁荣农村经济作为首要任务”，十七届三中全会提出的“积极发展现代农业，提高农业综合生产能力”，以及2008年中央1号文件关于现代农业的有关要求，2008年起，中央财政设立现代农业生产发展资金，支持各地发展优势特色和安全高效农业，促进农业增产增效和农民稳定增收。

（二）政策目标

现代农业生产发展资金项目围绕“四促进、两带动”的目标组织实施，即促进粮油等主要农产品产量明显提高，促进农产品区域和品种结构明显改善，促进农产品质量明显提升，促进农民增收步伐明显加快。同时，通过主导产业的辐射效应和中央资金的引导作用，带动周边地区优势特色产业发展，带动地方整合支农资金集中投入现代农业。

（三）补助方式

为适应财政工作面临的新形势、新任务、新变化，落实科学发展观，充分发挥地方的积极性和主动性，财政部按照财政科学化精细化管理的要求，积极创新工作机制，对此项资金实行“因素法”分配并切块下达到省，对有关项目实行“中央宏观指导、地方自主选项”的管理模式。因素法分配主要采用农业总产值、粮食总产量、耕地面积和财政困难程度系数等客观因素，同时引入绩效考评因素，通过数学公式确定对各地的分配额度。所谓“中央宏观指导、地方自主选项”，即中央只下发一个年度立项指南对各地进行宏观指导，由各地根据本地优势特色产业发展的实际情况，在因地制宜、科学规划的基础上，自主确定现代农业生产发展资金扶持的主导产业项目，编制具体的项目实施方案。中央只进行合规性审查，不具体批复地方安排的项目，将立项权和审批权完全赋予地方。这种资金因素分配切块下达、项目管理放权于省的做法，是中央财政改革专项资金管理体制的重要举措，既有利于充分发挥财政的职能作用、充分调动地方的积极性和主动性，又保证了产业项目选择和方案制定的客观性、真实性，真正实现了支农政策“自下而上”的决策过程。

（四）政策成效

在各级各部门的大力支持下，现代农业生产发展资金项目已经取得了阶段性的成效，得到了中央领导和地方各级党政领导的高度重视和充分肯定，也获得了广大农民的热烈欢迎和大力支持。

应用实例一

以现代农业生产发展专项资金申报为例。××省××市××县，2008年被省财政厅确定为现代农业生产发展项目县。县农业局作为全县农业生产发展的主管部门，计划申请现代农业发展专项资金。程序如下：

具体操作流程如图3－1所示。

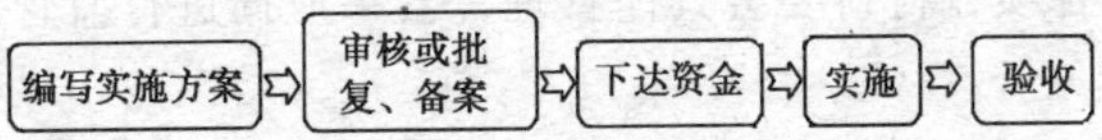

图3－1

1. 编写实施方案。县农业局组织专家对所辖乡镇进行实地考察论证。在考察所得材料的基础上编写项目实施方案等有关材料，报县财政局审核。

2. 审核或批复、备案。县财政局审核通过后逐级上报省、市财政部门，省财政厅组织有关专家进行评审；评审通过后，汇总形成省级实施方案，并报财政部进行合规性审查；合规性审查通过后，财政部下达资金至省级财政，省级财政批复县级实施方案。

3. 下达资金。省级财政逐级下达项目资金到县财政局。

4. 实施。按照批复的项目实施方案进行实施。工程实行公开招标制，资金管理实行县级报账制。

5. 验收。项目实施完毕后，省、市、县财政部门组织专家进行验收。

应用实例二

2008 年，××省现代农业生产发展资金项目安排 800 万元，重点扶持该省主导产业优势产区果品、畜禽等主导产业布局优化、品质提升和转型升级发展。××县的苹果种植历史悠久，品质出众，为了提升产业规模，因此向上级申请现代农业生产发展资金补助。省财政厅、省农业厅、省果业局组织专家对该县所辖乡镇进行实地考察论证后，将××县确定为省级现代农业生产发展资金苹果产业项目县。由县果业局负责组织编写项目实施方案并逐级上报省、市财政部门，省财政厅组织有关专家进行评审，评审通过后，报财政部备案。该项目建设包括果园水利等基础设施建设、优质种苗培育推广等，项目总投资 500 万元，中央财政资金达 150 万元。××省财政厅逐级下达资金到县财政局。项目建设竣工后，经省、市验收合格，交由各项目村村委会具体管理，县果业局进行监管。

四、农民专业合作组织补助政策

（一）政策背景

改革开放以来，在各级政府的大力支持下，我国的农民专业合作组织开始起步，并获得了较大的发展。但相对于9亿农民的现状而言，仍然处于发展的初级阶段。总体来看，还普遍存在着规模不大，覆盖面小，实力薄弱，管理制度不健全和稳定性较差等问题，在为农民提供技术、信息、资金、物资和产品销售等服务方面发挥的作用还很有限。为贯彻落实党中央、国务院关于支持农民专业合作组织发展的政策，提高农民进入市场的组织化程度，从2003年起，中央财政设立支持农民专业合作组织发展专项资金。

（二）补助对象

中央财政支持农民专业合作组织发展专项资金，主要为农民专业合作组织对成员开展专业技术、管理培训和提供信息服务，组织标准化生产，农产品粗加工、整理、储存和保鲜以及为此而利用银行贷款的适当贴息，开展品牌培育和营销、推介服务活动，雇请专家、技术人员提供管理和技术服务，引进新品种和推广新技术等方面提供支持。

（三）补助方式

为增强支农项目的针对性，财政部已经将支持农民专业合作组织发展专项资金切块下达到省级财政，项目审批权限下放至省级财政，由省级财政部门按照专项资金申报、管理等有关要求，自行组织专家评审确定扶持的项目。

（四）政策成效

截至2009年，中央财政共安排农民专业合作组织补助资金12.3亿元。在中央财政带动下，很多地方财政特别是省级财政也安排专项资金支持农民专业合作组织的发展。尽管中央财政对每个农民专业合作组织投入的资金量不大，但由于针对农民专业合作组织发展的关键环节和领域给予重点支持，不但较好地体现了公共财政职能，发挥了财政资金“四两拨千斤”的作用，而且有力地促进了农民专业合作组织的发展壮大，提高了农民的组织化程度，促进了农民大幅度增收，推动了农业新技术、新品种的引进和推广，加快了农业产业化的发展。今后，随着国家财力的不断增强和财政支出结构的进一步调整，国家财政将进一步完善政策措施，加大对农民专业合作组织的支持力度，推动我国的农民专业合作组织更好更快地发展。

应用实例一

××省××县××乡食用菌协会，至 2008 年已发展会员 116 人。该乡利用食用菌生产协会这一平台，发挥各个会员的优势，形成了产、供、销一体化的产业化经营模式。为做大做强食用菌生产产业，该乡食用菌协会向财政部门申报农民专业合作组织扶持资金 20 万元。经过以下程序，获得了该项扶持资金。

具体操作流程如图 4－1 所示。

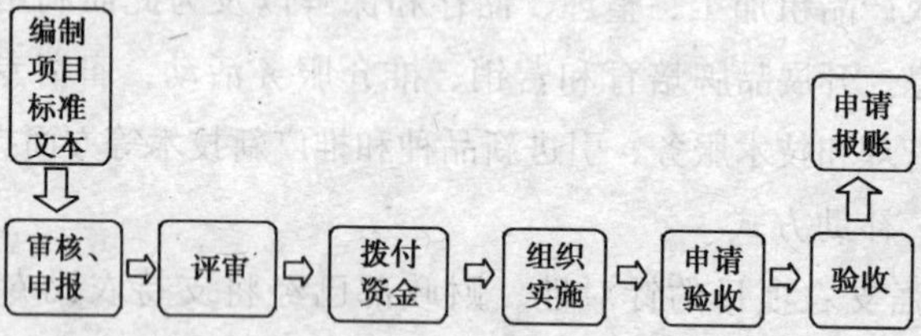

图 4－1

1. 提出申请。该食用菌协会向县财政局上报申请资金扶持报告，填报项目标准文本。同时提交协会法人登记证书、协会章程、协会上年度资产负债表、协会会员名单等书面材料。

2. 审核、申报。县财政局对所申报的资料进行审核后，向上级财政部门逐级申报。

3. 评审。省级财政部门组织专家评审，将该项目确定为扶持项目，扶持资金 20 万元。

4. 拨付资金。逐级批复项目和下达资金。

5. 组织实施。按照项目标准文本实施，资金用于信息网络建设、购置双孢菇菌种、聘请专家讲课、品牌宣传和推介等。

6. 申请验收。食用菌协会按计划实施完所有建设内容后，向县财政局申请验收。

7. 验收。县财政局会同县农业局、乡政府等单位成立联合验收组，对照方案逐项验收。验收合格后，验收组出具书面验收合格报告。

8. 申请报账。食用菌协会填写资金报账提款申请单（见表4－1），附相关支出票据报县财政局。县财政局对所报资料及各项支出发票进行审核后，将项目资金20万元拨付到食用菌协会。

表4－1　财政农业项目资金报账提款申请单　单位：万元

项目名称及类别			
项目批准文件			
项目建设内容及地点			
建设期限	年　月　日至　年　月　日		
项目计划总投资		其中：财政资金	
财政资金累计已提款数			
本次报账申请金额			
本次批准提款金额			
项目主管部门意见： （单位印章） 负责人签名		财政部门意见： （单位印章） 负责人签名	

请将上述款项汇至下列账户：

户　名：

开户行：

账　号：

提款申请单位（印章）

负责人（签字）：

年　月　日

注：此表一式四份，一份转提款申请单位作付款通知，一份作财政国库拨款凭证，一份财政部门存档，一份项目单位留存。

应用实例二

某村委农业灌溉用水者协会是该县典型农民专业合作组织，协会的宗旨是以加强水利工程管理确保工程运行为中心，以提高社会经济效益为重点，以加快灌区配套设施的建设，改善灌溉条件，充分发挥工程效益和提供良好服务，发展农村经济，增加农民收入为目的。

该协会于2005年10月成立，共有会员1 260名，受益田1 800亩。于2007年8月份立项申报农业财政资金项目补助，项目名称为“某村委农业灌溉用水者协会”，建设申请资金类别为“农业科技服务资金——农业信息体系建设”。总投资56.75万元，其中申请财政补助20万元，该协会提供一份“农业财政资金项目申报标准文本”。文本主要内容：

（一）封面

项目名称、项目实施单位、项目申报部门、项目申报文号、项目申报日期。

（二）项目基本信息

1. 项目名称……

2. 资金类别……

3. 项目属性：新建。

4. 总投资56.75万元，其中申请财政补助20万元。

5. 项目单位基本信息。

（三）项目可行性调研报告摘要

1. 项目与项目单位概况。

2. 投资必要性分析。

3. 市场分析。

4. 生产、建设条件分析。

5. 建设方案。

6. 财政补助资金支持环节。

7. 投资估算与资金筹措明细表。

8. 主要财政指标：销售收入、销售利润、资金投资利润表。

9. 社会效益分析。

10. 结论。

11. 项目单位责任。

（四）项目评审论证表（评审专家确认）

（五）申报项目审核表（审核机构及成员确认责任）

（六）农民专业合作组织法律确认合法机构证书（加盖发证机构确认公章复印件）

（七）农民专业合作组织（协会）章程

以上标准文本必须加盖各部门公章，由市财政局上报省（区）财政厅审批，批准后，逐级下文下达资金指标，最后由县财政局拨入项目建设单位专款专用账户，在财政部门监督下使用，竣工后报市财政局验收。

五、生猪良种补贴政策

（一）政策背景

为提高生猪良种率和生产水平，减少疫病传播几率，加快推广生猪人工授精技术，根据国务院的要求，国家从 2007 年起实行生猪良种补贴政策。

（二）补贴对象

项目区使用生猪良种精液开展母猪人工授精的母猪养殖场（小区、户）。

（三）补贴标准

按照每头能繁母猪每年使用4份精液，每份精液给予10元补贴。

（四）补贴方式

供精单位按照补贴后的优惠价格向养殖者提供良种精液。

（五）补贴程序

中央财政将补贴资金逐级拨付项目县财政部门。各项目县畜牧（农业）部门会同相关部门招标确定良种精液的供精单位，供精单位按照补贴后的优惠价格向养殖者提供良种精液，开展母猪人工授精工作。供精单位要向养殖者发放经农业（畜牧）部门认可，供精单位盖章（或签字）的通知书（或明白卡），注明公猪品种、精液价格、财政补贴金额、人工授精收费内容及标准、服务承诺及联系方式等内容。项目县财政部门根据畜牧部门核定的配种情况及供精单位提供的有关凭证，与供精单位结算补贴资金。

应用实例一

村民郑某，多年从事生猪配种工作，种猪场里共有15头种公猪，品种有长白、大白、杜洛克，在4个乡镇设有生猪人工授精点。郑某的情况符合生猪良种补贴政策的补贴条件，欲申请成为生猪良种补贴精液供应单位。2008年，郑某经以下程序享受到了此项补贴。

具体操作流程如图5－1所示。

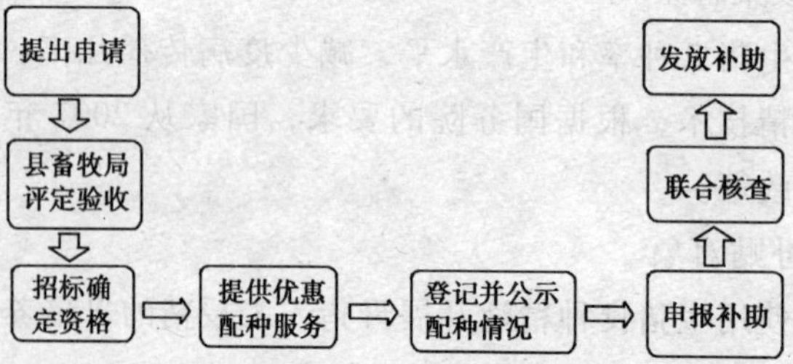

图5－1

1. 提出申请。2008年初，郑某向县畜牧局提出了设立猪人工授精技术供精站的申请。

2. 县畜牧局评定验收。县畜牧局组织有关专家对郑某的种猪场进行综合评定验收，颁发《种畜禽生产经营许可证》。

3. 招标确定资格。通过招标，郑某的生猪良种供精站被确定为生猪良种补贴供精单位，每份精液招标价为15元。

4. 提供优惠配种服务。2008年按每头能繁母猪每胎需精液两份进行配种，每配一胎需配种费30元，扣除两份精液20元补贴资金后，养殖户只需支付10元即可。

5. 登记并公示配种情况。郑某在向养殖户提供生猪人工授精服务的同时，做好生猪人工授精精液发放登记表的填写登记，要求养殖户签名或按手印，登记身份证号码。同时，将受惠养殖户名单在供精站内张榜公示。

6. 申报补助。2008年年底，郑某把当年的生猪良种补贴项目发放登记表、输精母猪繁殖性能跟踪登记表、供精单位生产及品质检查登记表报送县畜牧局，上报全年提供生猪人工授精配种胎数为3 060胎。

7. 联合核查。2009年2月，县畜牧局会同县财政局有关人员根据发放登记表对该生猪良种供精站提供的2008年生猪人工授精配种头数进行核查，经核查实际人工授精配种胎数为2 601胎。

8. 发放补助。2009年4月，县畜牧局、财政局按配种一胎补贴20元的标准如数发放该供精站生猪良种补贴款52 020元（2 601 ×20）。

应用实例二

黄某是养猪专业户，他所在的县是生猪良种补贴政策项目县。听繁育站王站长介绍，近年来生猪繁育经过实践考证，采取人工授精繁育措施相对效果更好。经过人工授精繁育的生猪，不仅品种可以得到改良，而且繁育成功率较高，同时可以有效避免疫病，增加收入。黄某决定到全县闻名的卓越种公猪繁育有限公司为他的20头能繁母猪配种。

卓越种公猪繁育有限公司是全县唯一一家具有省级种畜禽生产经营许可的企业。按照《××省生猪良种补贴项目供精单位（种公猪站）建设/验收标准（试行)》建设并通过省级验收的种公猪站要求，该企业符合项目供精站要求，因此被确定为该县种公猪供精站。

针对生猪人工授精项目的有关要求及该县的实际情况，县财政局会同农牧局确定，普通生猪鲜精价格为每份15元，国家补贴10元，补贴后养殖户实际使用鲜精的价格为每份5元。因为人工授精每次需要两份鲜精，养殖户实际可以得到20元补贴。黄某的20头能繁母猪实际支付配种费200元（20×5×2)，享受国家补贴400元（20×10×2)。

繁育员小刘使用了入选的良种公猪品种“汉白”，在精液包装贴上“生猪良种补贴”标识，还向养殖者黄某发放了经省农业厅认可、供精单位盖章的明白卡，注明公猪品种、精液价格、财政补贴金额、人工授精收费内容及标准、服务承诺及联系方式等内容。同时登记造册，内容包括养殖者姓名、母猪养殖数量、人工授精的母猪数量以及养殖者的签字、盖章（手印）等，定期将受惠养殖户名单在供精站内张榜公示。

县财政局按照县农牧局核定的配种情况及审核后的有关凭证，与卓越种公猪繁育有限公司结算补贴资金。补贴资金按季结算，县财政局在收到县农牧局结算申请和结算凭证后10个工作日内将补贴资金全额拨付到供精单位。县财政局会同县农牧局于年度终了后1个月内，将上年度补贴资金发放情况报市财政、农业（畜牧）部门审核后上报省财政厅、省农业厅。上年度生猪良种补贴节余资金，结转下一年继续使用。

六、奶牛良种补贴政策

（一）政策背景

为扶持发展奶牛养殖业，提高奶牛单产水平和养殖效益，增强奶业的市场竞争力，促进奶业持续健康协调发展，中央财政从2006年开始实施奶牛良种补贴政策，对奶牛人工授精的精液给予补助。

（二）补贴对象

项目区使用良种精液开展奶牛人工授精的奶牛养殖者，享受补贴的奶牛品种包括荷斯坦牛、娟姗牛、乳用西门塔尔牛、褐牛、牦牛和三河牛等品种。

（三）补贴标准

按照每头能繁奶牛每年使用两剂冷冻精液，荷斯坦牛、娟姗牛每剂冷冻精液补贴15元，其他奶牛品种每剂冷冻精液补贴10元。

（四）补贴方式

种公牛站按照扣除补贴后的优惠价格将冷冻良种精液提供给奶牛养殖者。

（五）补贴程序

中央财政将补贴资金下拨省级财政部门。省级农业（畜牧）部门会同同级财政部门组织种公牛站冷冻精液的招标和项目县冷冻精液的统一采购，负责与种公牛站签订采购合同。补贴资金由省级财政部门和种公牛站结算。种公牛站供应的冷冻精液价格需经招标采购确定，种公牛站供应给奶牛养殖者的冷冻精液价格为招标价格扣除补贴后的优惠价格。

应用实例一

村民张某，2008 年养殖 5 头荷斯坦牛，2008 年末，向县畜牧中心申报进行统计。2009 年 5—8 月，张某先后对所养殖的 5 头奶牛进行配种。其流程是：

张某到县畜牧中心指定的技术部门（公牛站）→缴纳 200 元配种服务费后，县公牛站免费为张某提供由省（区）农牧厅、财政厅通过统一招标后分配的冷冻精液→由专业人工授精员对能繁奶牛先后进行了人工授精（每头牛可以免费使用两剂冷冻精液，价值 15 元/剂），母牛全部怀胎。本年配种，张某应支付的全部配种费应为 350 元，实际支付 200 元，共享受了 150 元的冷冻精液补贴。

应用实例二

××区××市的奶牛良种补贴。

1. 政策宣传。为了把奶牛良种补贴政策真正贯彻落实到千家万户，使养殖户切身感受到项目实施带来的实惠，××市在各乡镇（办事处）、各大养殖场、奶牛园区、挤奶站、收奶点、规模养殖户、乡镇中心兽医站、冷配点张贴某省（区）农牧厅、省（区）畜牧站《致奶牛养殖户的一封公开信》，充分利用多种形式向养殖户宣传讲解奶牛良种补贴项目的目的和意义，让广大奶牛养殖户真正了解奶牛良种补贴项目惠农政策，充分认识到奶牛良种补贴项目的重要性和紧迫性，引导广大奶牛养殖户更新观念，积极配合开展奶牛建档立卡工作，使用优良冷冻精液，提高养殖效益。村民杨某，在村口奶牛冷配点上看到《致奶牛养殖户的一封公开信》后，了解到他养的荷斯坦牛可以享受到每头能繁奶牛每年使用两剂冷冻精液、每剂冷冻精液补贴 15 元的优惠政策，如果按照每头牛平均冷配两次计算，他养的能繁奶牛每头可以享受到 30 元的补贴。

2. 职责分工。引进的奶牛冷冻精液统一由省（区）畜牧站调拨，均来自于国家级种站的优质种公牛，符合市奶牛改良育种区域规划，又有完整的种公牛系谱资料、后裔测定成绩、合格证等。在项目实施中，市畜草中心指定专人负责冷冻精液的引进和管理，根据市各乡镇（办事处）、养殖场、奶牛园区实际存栏可繁牛数及冷配点的业务数量，制订详细的发放计划，统一发放，严禁任何个人私自引进冷冻精液。做到冷冻精液妥善保管，严格标记，分袋存放，不得造成混淆。在冷冻精液的使用上，实行冷冻精液使用情况上报制，要求冷配员认真填写“荷斯坦母牛配种改良登记表”，每月 10 日学习时将冷冻精液使用情况整理上报业务部门；及时给养殖户的奶牛佩戴耳标、统一建档立卡、建立系谱档案。

3. 冷配点的建设与良繁员的资格认证。通过制定《××市奶牛品种改良冷配点管理办法》，加强冷配点管理。要求冷配点建设必须是交通便利，服务方便，设施齐全，卫生条件达标，经省（区）畜牧站审查合格，报省（区）农牧厅畜牧局核发《种畜禽生产经营许可证》后，方可开展冷配业务；从事冷配工作的技术人员由畜草中心统一组织培训，并实行目标考核。对成绩不合格者，进行停职再培训。两次考试不合格，取消其从业资格；对申请从事冷配工作的人员，必须进行培训和考试，考试达标后报区畜牧站审核批准，发给《牛冷冻精液人工授精技术员证》方具备冷配资格；同时要求冷配人员坚决服从业务部门的统一管理，严格遵守各项规章制度，具有良好的职业道德和为民服务的意识，积极完成上级部门下达的各项任务，配合各乡镇（办事处）开展畜牧技术服务；冷配员的冷配改良区域，由业务部门统一划定并上报省（区）畜牧站，并要求冷配员严格遵守，不得越界服务。

4. 奶牛冷配。2009 年 2 月 3 日，村民马某家的 643410065075 号奶牛发情了，他就给本村指定的奶牛良种补贴项目实施冷配点的良繁员刘某打电话，告诉他奶牛发情情况，十几分钟后，刘某赶到他家牛舍，通过对发情奶牛进行系谱核实、发情鉴定后，确定可以实施冷配，于是他按照规定的技术操作规程，取出从市畜草中心领取到的国家奶牛良种补贴冷冻精液对该头奶牛进行配种。

5. 补贴收费。执行配种服务费用和冷冻精液费用分开收取的规定，配种冷冻精液费用按冷冻精液采购实际价格扣除补贴后的差价收取，配种技术服务收费按每头牛单次配种不超过20元或包配种不超过40元的标准收取。配种技术人员在收取配种服务费时，须向奶牛养殖户出具区畜牧站统一发放的《××自治区奶牛良种补贴配种服务收费单》凭据，一式三联，养殖户、配种技术人员和市畜草中心各执一联，以备监督检查。

6. 监督检查。为了有效监督冷配员按制度和有关规定开展工作，防止个别冷配员使用非统一调拨的劣质冷冻精液、私自提高或变相收取配种费用，市畜牧局特设立监督举报电话，由局办公室、畜牧中心具体接待处理来电来访，严格执行配种服务费用和冷冻精液费用分开收取的规定，任何单位和个人未经许可，不得擅自引进冷冻精液和抬高或变相抬高收费标准，一经发现当场销毁并追究相关人员责任。如某冷配点曾为图蝇头小利，私自将配种收费提高为60元，经群众反映，畜牧部门查证属实后，立即对其作出了停业整顿处罚，责令其向养殖户赔礼道歉，退回了多收的钱。

七、农村劳动力转移培训阳光工程政策

（一）政策背景

我国农村富余劳动力众多，但受劳动力文化素质低、技能不足等因素制约，富余劳动力转移就业困难。为加强农民培训，提高农民非农就业技能，国家制定了“2003—2010年全国农民工培训规划”，农业部会同财政部等六部委从2004年开始，启动并实施了农村劳动力转移培训“阳光工程”，中央财政安排了农村劳动力转移培训“阳光工程”补助资金。培训补助资金用于对受培训农民的学费补助，或对培训机构因降低收费标准而给予的补助。

（二）补助对象

参加“阳光工程”培训的农民。

（三）补助方式

培训补助资金以农民直接受益为原则，以发放培训券或现金等形式直接补贴给受培训农民，也可以补贴给培训机构，使其降低培训收费标准。

（四）补助程序

中央财政会同相关部门将补贴资金和培训任务逐级下达县级财政部门。补贴资金直接发放给受培训农民的，直接发放培训券或现金。补贴给培训机构的，首先由各县市“阳光工程”办公室公开招标确定或评审确认培训机构，农民直接到培训机构参加培训，并按优惠价格缴纳培训费用。当地财政部门根据培训机构的资金申请报告及经当地阳光工程办公室审核确认的项目合同书、经验收合格并由农民签名的受训人员名单、收费凭证等有关材料，经审核无误后，向培训机构拨付资金。

应用实例一

村民张某，女，20岁，初中毕业。由于自身身体状况不好，一直没有找到合适的工作。张某想通过“阳光工程”培训，掌握一门技术，实现就业。经过以下程序，张某享受到了此项政策。

具体操作流程如图7-1所示。

1. 报名学习。2008年3月，张某持本人身份证来到县农广校

图 7－1

实地参观后，选择了为期 90 天的电动缝纫技术培训专业。

2. 发放培训券。在第一节课上，县阳光办和财政所的工作人员将培训券发给张某，作为其参加培训的学费。

3. 参加培训。张某认真学完全部培训课程，2008 年 6 月通过相应考试，取得学校颁发的专业技能培训证书。

4. 推荐就业。2008 年 7 月，学校推荐就业，张某根据自身情况选择了浙江省××县美丽制衣有限公司实现就业。

5. 报账结算资金。县农广校凭培训就业台账、培训券、监管登记表等材料到县财政局报账，申领资金。

注：根据培训专业、学习时间不同，按不同标准补助。

应用实例二

小杨家在农村，由于家庭条件差，2008 年高中毕业后便在家务农。2009 年，小杨看到村里张贴了“农村劳动力转移阳光培训工程”的宣传，了解到年满 16 岁、思想素质好、身体健康的农村从业人员参加培训能够享受国家补助，想到近年来各村各户都在修建沼气池，需要大量沼气工，找工作比较容易，而且沼气工的学费相对较低，只需要 400 元，国家的补助就能够满足，不再增加家里的负担。小杨于是带上户口本及身份证到沼气工的培训机构报名培训，经培训机构审核符合条件，并告知培训的时间为 8 天，主要包括基础理论（沼气发酵技术）、建池技术、输配系统和管道安装等，参加培训的学员还要进行考试。开班当天，小杨从农业部门工作人员处领取了 400 元的培训券，他将培训券交给培训机构，抵消了应当缴纳的学费。培训结束后，小杨顺利地通过了考试，并如愿成为一名沼气工。

其操作流程如下：农民通过报纸、电视、墙报、学校招生简章等渠道，获知农村劳动力转移阳光工程培训信息，凭户口本、身份证件到指定的培训单位，选择阳光工程补贴学费的专业，报名参加培训。培训单位核实户口性质、年龄后，给予登记招生录取。达到一定的人数后开班，开班前报告县阳光工程办，开班时阳光工程办和财政局人员到班上，检查招生简章、核实学员身份、讲解阳光工程意义、发放培训券（券上标示有培训补贴金额的数值）、说明培训券的使用方法。学员得到培训券后，在培训券上签上本人名字，然后交给培训单位，抵交相等面值的学费。学员享受免费培训或者减免学费的培训直至学成结业，结业后享受免费推荐或安排就业。在培训结束时，阳光工程办到班核查，检查培训质量，对合格单位出具检查验收合格报告。培训单位凭培训券、检查验收合格报告、培训台账、学员登记卡、身份证复印件等材料到县财政局报账，财政局审核后按培训人数和补贴标准拨付阳光工程专项补贴经费。

八、小型农田水利补助政策

（一）政策背景

长期以来，由于缺乏投入，建设标准低，历史欠账多，特别是实行农村税费改革取消“两工”后，小型农田水利工程建设投入剧减，导致相当一部分工程运行状况急剧下滑。针对这一现状，中央财政设立了小型农田水利设施建设补助专项资金（以下简称“小农水专项资金”），以“民办公助”方式支持各地小型农田水利工程建设。项目开展五年来，取得显著的经济效益和社会效益，被基层干部群众亲切地称作“小工程大德政”、“小投入大效益”。

（二）资金性质

小农水专项资金是指由中央财政预算安排的，采用“民办公助”等方式，支持农户、农民用水合作组织、村组集体和其他农民专业合作经济组织等，开展小型农田水利设施建设的补助资金。

（三）建设内容

小农水专项资金主要用于支持重点县建设和专项工程建设两个方面。小农水专项资金用于重点县建设的，重点支持现有小型农田水利设施和大中型灌区末级渠系续建、配套、改造，因地制宜建设高效节水灌溉工程和适度新建小型水源工程。小农水专项资金用于支持专项工程建设的，主要解决小型农田水利设施最薄弱的环节，重点支持雨水集蓄利用、高效节水灌溉、小型水源建设，以及渠道、机电泵站等其他小型农田水利设施修复、配套和改造。

（四）补助标准

中央财政对重点县建设和专项工程建设实行不同的资金补助方式：(1) 重点县建设实行定额补助。中央财政按照一定的补助标准和重点县名额，核定分配给各省的重点县建设资金补助额度，各重点县具体补助金额由各省自行确定。(2) 专项工程建设实行比例补助。中央财政按照项目总投资的一定比例，核定分配给各省及新疆生产建设兵团、农业部的专项工程补助额度。重点县和专项工程的具体补助标准和比例，由中央财政根据有关政策和年度资金预算，在制定年度小农水专项资金项目立项指南时确定。

（五）申报主体与申报审批程序

小农水专项资金的申报主体，包括专项工程申报主体和重点县申报主体。重点县申报主体为县级财政和水利部门。专项工程申报主体包括农户或联户、农民用水合作组织、村组集体、其他农民专业合作经济组织。重点县和专项工程建设项目依照自下而上的原则逐级申报。省级财政、水利部门，根据财政部、水利部下发的年度小农水专项资金项目立项指南，组织开展重点县和专项工程的立项申报、资金申请等工作。地方各级财政、水利部门共同对各自上报的申报材料的完整性、真实性负责。

应用实例一

××村农民用水协会，想打机井1眼，通过县水利局宣传了解到国家有“民办公助”小型农田水利工程设施建设财政补助政策，欲获得支持。通过以下程序，农民用水协会在财政补助下打机井1眼。

具体操作流程如图8－1所示。

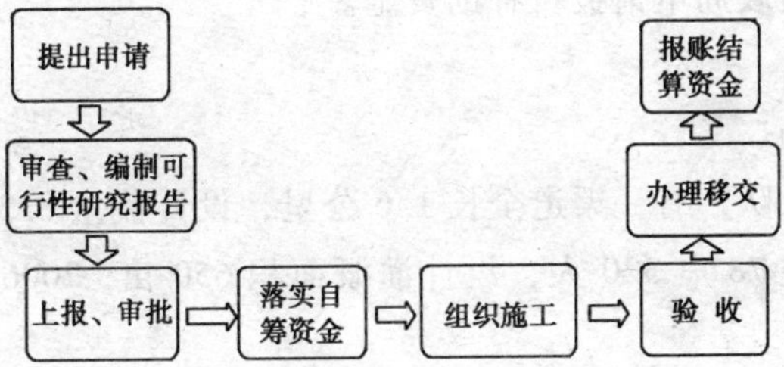

图8－1

1. 提出申请。农民用水协会向县水利局、财政局提出申请，同时报送有关材料，包括农民用水协会的基本情况、项目建设方案、资金筹措方案和建成后管护方案等。

2. 审查、编制可行性研究报告。县水利局、财政局对农民用水协会提供的材料进行审查。审查合格后，县水利局会同财政局以县为单位编制可行性研究报告。

3. 上报、审批。逐级联合上报至国家、省财政、水利部门。项目得到上级批复，准予打30米深农用机井一眼。项目需支出6 556

元，国家按45%的比例补助2 950元，农民用水协会按55%的比例自筹3 606元。

4. 落实自筹资金。农民用水协会按55%比例落实自筹资金3 606元。

5. 组织施工。县水利局通过招标确定施工单位，统一组织施工。

6. 验收。项目完工后，由县水利局、县财政局、施工单位、镇、村、农民用水协会共同进行验收。

7. 办理移交。工程验收合格后，由施工单位向农民用水协会办理移交，镇农业部门负责监交。产权归农民用水协会所有，由镇政府核发产权证书。

8. 报账结算资金。施工单位凭合同、发票等材料，经县水利局审核后到县财政局申请拨付补助资金。

应用实例二

××村8队，有一渠道全长1.6公里，设计流量0.34立方米/秒，灌溉受益78户320人，设计灌溉面积650亩，2006年度实灌面积500亩。

该渠道修整工程列入××县2006—2007年社会主义新农村水利建设试点“民办公助”小型农田水利工程项目，计划总投资12.80万元，其中：国家补助6.4万元，群众自筹6.4万元，工程主要建设内容为渠道三面防渗1.6公里和配套渠系附属建筑物。项目于2007年11月开工，2008年元月完工，项目建成后，恢复灌溉面积150亩，改善灌溉面积500亩。

办理小型农田水利补助程序：按照“一事一议”方式由村组集体提出申请（含筹资方案）→县财政、水利部门汇总→省级财政、水利部门审批→财政部、水利部合规性审查→地方财政逐级下达资金，省级水利部门批复实施方案，县级水利部门指导施工→县级报账制，按进度拨付资金或竣工验收后报账。

九、节水灌溉贷款中央财政贴息资金补助政策

（一）政策背景

我国是一个农业大国，农业灌溉是用水大户。目前，全国灌溉用水量约占总用水量的60%以上。灌溉面积的98%为地面灌溉，全国2/3的灌溉面积上灌水方法十分粗放，灌溉水的利用率只有40%～45%，水的利用率和利用效益较低。为支持推广节水灌溉技术，促进农业生产发展，从20世纪80年代开始，中央财政就对节水灌溉使用银行贷款给予部分贴息，地方财政也安排了相应贴息资金，对引导和带动节水灌溉发展起到了积极的作用。

（二）资金性质

节水灌溉中央财政贴息资金是由中央财政预算安排的、专项用于节水灌溉贷款贴息的资金。中央财政对具有还款能力、符合贷款条件的地方水管单位、农户、农民合作组织、村组集体及新疆生产建设兵团所属单位、农业部直属垦区所属单位等使用节水灌溉贷款的给予贴息。

（三）支持对象

中央财政给予贴息的对象为具有还款能力的地方水管单位、农户、农民合作组织、村组集体及新疆生产建设兵团所属单位、农业部直属垦区所属单位。

（四）贴息标准

中央财政对节水灌溉贷款项目的贴息期限为12个月。贷款期

限不足12个月的，按贷款实际期限计算贴息。中央财政对地方贷款项目的年贴息率，以当年实际利率为限，原则上不超过3%；对新疆生产建设兵团、农业部直属垦区的贷款项目按照实际利率全额贴息。中央财政结算贴息的贷款额为上年第四季度和当年前三季度期间实际发生的贷款额。

（五）申报审批程序

贴息资金的申报采取自下而上的程序。地方项目应由项目单位向项目所在地的县级水利（水务）和财政部门申报，县级水利（水务）和财政部门经审核后联合逐级上报省级财政和水利（水务）部门。省级财政、水利（水务）部门对各地申请贴息请示进行审查并提出贴息资金补助意见后，向财政部和水利部报送中央财政贴息资金申请请示。新疆生产建设兵团、农业部直属垦区的项目，由项目单位按行政隶属级次逐级向新疆生产建设兵团、农业部申报。新疆生产建设兵团、农业部对申请贴息请示审查同意后，向财政部和水利部报送申请中央财政贴息资金申请函。

应用实例一

××村立足当地条件，2005—2006年利用节水灌溉贷款发展节水灌溉面积1 200亩，兴建机井配套工程1处，建蓄水池2座，总投资140万元，其中银行贷款130万元，自筹10万元。按照以下程序操作，该村领取到了节水灌溉贷款中央财政贴息资金4万元。

节水灌溉贷款中央财政贴息资金补贴操作流程如图9－1所示。

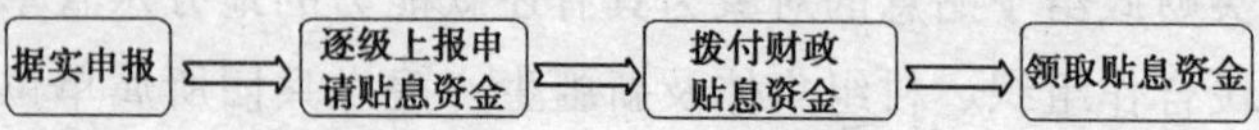

图9－1

1. 据实申报。××村于2006年10月份向所在地的县级水务（水利）和财政部门提出节水灌溉贷款中央财政贴息资金的申请，同时提交相关的项目借款合同、借款凭证和银行对账单复印件等。

2. 逐级上报申请贴息资金。县级水利（水务）和财政部门经审核后联合逐级上报省级财政和水利（水务）部门。省级财政、水利（水务）部门对各地申请贴息请示进行审查并提出贴息资金补助意见后，向财政部和水利部报送中央财政贴息资金申请请示。

3. 发放财政贴息资金。国家财政部、水利部审核拨付节水灌溉中央财政贴息资金，省、市财政逐级下拨到县级财政部门。

4. 领取贴息资金。县财政部门将贴息资金 4 万元拨付到××村。

应用实例二

××县抗旱服务站，2003 年利用节水灌溉贷款采取股份合作制发展节水灌溉工程，总投资 452 万元，其中贷款 448 万元，项目区自筹 4 万元，建设节水灌溉工程 43 处，铺设管道 9.24 万米，控制节水灌溉面积 1.2 万亩，其中管灌 1.15 万亩，喷滴灌 0.05 万亩；配套建筑物 134 座。2004 年向国家申请节水灌溉贷款中央财政贴息资金 10 万元。工程建成后，年节水 120 万立方米，省工 3.6 万个，省电 24 万度，仅省工和省电两项年节支 48 万元，增产粮食 138 万公斤，增收蔬菜 10 万公斤，新增农业产值 218 万元。

节水灌溉贷款中央财政贴息资金补贴发放的程序：

贷款主体申报→县级水利（水务）、财政部门审核逐级上报省级财政和水利（水务）部门→省级财政、水利（水务）部门审核后上报国家财政部和水利部→国家财政部、水利部下拨贴息资金→省财政逐级下拨贴息资金到县财政部门→贷款主体领取贴息资金。

十、退耕还林补助政策

（一）政策背景

退耕还林工程是我国政策性最强、投入最大、涉及农户最多的生态建设工程。该工程于1999年在四川、陕西、甘肃3省先行试点，2002年全面推开。截至2006年，国家累计安排退耕还林1.39亿亩，宜林荒山荒地造林1.98亿亩，封山育林0.19亿亩，涉及25个省（区、市）和新疆生产建设兵团的2 279个县（包括县级单位）3 200多万户1.24亿农民。

（二）补助标准

实施退耕还林，中央财政安排造林种苗补助费、粮食补助资金和现金补助等。其补助标准如下：

1. 国家向退耕户无偿提供粮食。每亩退耕地每年补助粮食的标准为：长江上游地区300斤，黄河上中游地区200斤，每斤粮食按0.7元折算，由中央财政承担。粮食和现金的补助年限，还草补助按两年计算，还经济林补助按5年计算，还生态林补助按8年计算。

2. 国家按每亩退耕地每年补助20元的标准，给予农民适当的现金补助。现金补助的期限与粮食补助年限相同。

3. 国家向退耕户提供造林种草的种苗费补助，补助标准按每亩50元计算。

4. 采取中央对地方财政转移支付方式，对地方农业税等收入减收部分给予适当补偿。

5. 退耕还林工程的规划、作业设计等前期工作费用和科技支撑费用，国家给予适当补助，由国家计委（发改委）根据工程建设情况在年度计划中安排。退耕还林地方所需检查验收、兑现等费用由地方承担，国家有关部门的核查经费由中央承担。

此外，为解决退耕农户生活困难，巩固退耕还林成果，《国务院关于完善退耕还林政策的通知》（国发［2007］25 号，以下简称《通知》）规定："现行退耕还林粮食和生活费补助期满后，中央财政安排资金，继续对退耕农户给予适当的现金补助。补助标准为：长江流域及南方地区每亩退耕地每年补助现金 105 元；黄河流域及北方地区每亩退耕地每年补助现金 70 元。原每亩退耕地每年 20 元的生活补助费，继续直接补助给退耕农户，并与管护任务挂钩。补助期为：还生态林补助 8 年，还经济林补助 5 年，还草补助 2 年。"同时，为集中力量解决影响退耕农户长远生计的突出问题，《通知》要求：中央财政安排一定规模资金，作为巩固退耕还林成果专项资金，主要用于西部地区、京津风沙源治理区和享受西部地区政策的中部地区退耕农户的基本口粮田建设、农村能源建设、生态移民以及补植补造，并向特殊困难地区倾斜。中央财政按照退耕地还林面积核定各省（区、市）巩固退耕还林成果专项资金总量，并从 2008 年起按 8 年集中安排，逐年下达，包干到省。专项资金要实行专户管理，专款专用，并与原有国家各项扶持资金统筹使用。

（三）政策成效

按照上述政策测算，退耕还林工程中央总投入达 4 300 亿元。2000—2009 年，中央累计安排退耕还林投入 2 370 亿元，其中 2009 年当年安排 392 亿元。实施退耕还林工程，迅速增加了我国尤其是西部地区的林草植被，极大地改变了部分地区的生态环境，增强了广大农民群众的生态保护意识，使亿万农民群众从中直接得到了实惠。

应用实例一

村民谢某，在电视上看到退耕还林补助政策，有意对其 9.4 亩符合退耕还林条件的耕地实施退耕还林。经过以下程序，谢某获得了退耕还林补助。

具体操作流程如图 10－1 所示。

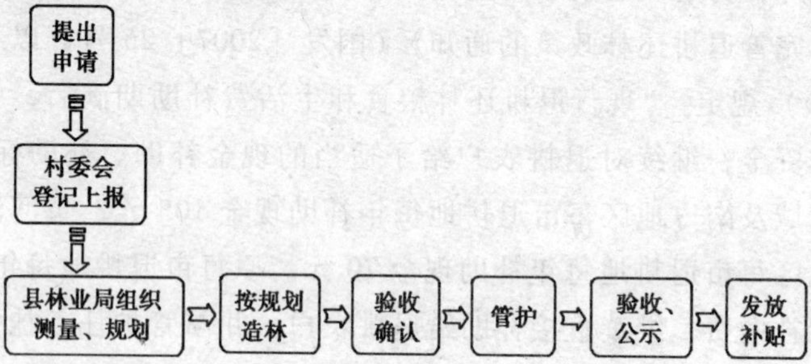

图 10－1

1. 提出申请。2003 年，谢某向所在村村委会提出申请。

2. 村委会登记上报。村委会对谢某等本村退耕还林农户的林地面积登记汇总后逐级上报到县林业局。

3. 县林业局组织测量、规划。县林业局分包乡镇的工作人员经实地确认、丈量、测算，确认谢某符合条件的耕地面积共 9.4 亩。当即进行规划设计，规划设计面积 9.4 亩，设计林种为生态林，设计树种为杨树。

4. 按规划造林。谢某按照规划设计进行造林。

5. 验收确认。经过县林业局验收合格，将其纳入补贴范围。每年按照每亩粮食补助资金 210 元、生活补助 20 元享受财政补助，享受时间为 8 年（生态林补助 8 年，经济林补助 5 年）。

6. 管护。谢某每年对退耕还林的造林林地进行管护，保证 9.4 亩林地面积保存完好。

7. 验收、公示。每年县林业局对退耕还林的造林林地进行检查验收。不合格的，县林业局或乡政府下达整改通知书，退耕户进行补植补造后再申请验收；验收合格的，在村内公示 7 天。

8. 发放补贴。公示无异议后，县财政局将补贴资金拨付到县农村信用社。乡财政所向谢某发放退耕还林补助资金通知书。谢某持本人身份证、退耕还林补助资金通知书、固定补贴存款折到乡信用社领取当年补贴款 2 162 元〔计算公式：9.4 亩×（210+20）元/亩〕。

应用实例二

村民李某，积极响应当地政府退耕还林号召，向乡退耕办提交退耕还林申请，申请退耕还林地 81 亩。乡退耕办及时安排人员到李某申请的退耕地进行现场确认，并丈量符合退耕还林面积 67.5 亩。退耕办就李某退耕还林工作进行了设计，在乡、村进行张榜公布三天无异议后和李某签订了合同。退耕办进行专业设计并建立管理卡。

李某停耕整地，按退耕办作业设计要求领取苗木造林。造林结束后，李某向退耕办申请验收。经退耕办验收合格，发放给李某退耕还林合格证书。

接到乡镇财政所核实通知后，李某到财政所核实退耕还林合格面积和应得补助资金。按 67.5 亩计算，应享受退耕还林补助资金 15 525 元，其中粮食补助 14 175 元（67.5 亩×210 元/亩 =14 175 元），现金补助 1 350 元（67.5 亩×20 元/亩 =1 350 元）。经核实无误并公示无异议后，财政所将补助资金拔入李某个人存折户。李某可凭存折到开户行领取补助资金。

应用实例三

村民王某，积极响应当地政府退耕还林号召，向乡退耕办提交退耕还林申请，申请退耕还林地 60 亩。乡退耕办及时安排林业站工作人员到王某申请的退耕地进行现场确认，经过丈量符合退耕还林面积 50.7 亩。退耕办就王某退耕还林工作进行了设计，在乡、村进行张榜公布三天无异议后和王某签订了合同。退耕办进行专业设计并建立管理卡。

王某停耕整地并按退耕办作业设计要求领取苗木造林。造林结束后，王某向退耕办申请验收。经退耕办验收合格，发放退耕还林合格证书。并将验收结果报区财政局审核拨款。

乡财政所收到退耕还林补助款及补助名单后立即在乡、村进行公示10天，无异议后，通知王某到财政所办理退耕还林补助兑现手续。王某持身份证、验收合格证、退耕还林兑现证和退耕还林专用存折到财政所签字确认无误后，乡财政所工作人员划拨王某应得的退耕还林补助款。按50.7亩计算，应享受退耕还林补助资金11 661元，其中粮食补助10 647元（50.7亩×210元/亩 = 10 647元），现金补助1 014元（50.7亩×20元/亩 = 1 014元）。王某可凭存折到开户行领取补助资金。

十一、测土配方施肥补助政策

（一）政策背景

针对目前我国农村普遍盲目施肥，部分地区过量施肥严重，化肥利用率不高，不仅增加农业生产成本，也污染环境的实际情况，2005年财政部设立测土配方施肥专项补助资金，支持开展测土配方施肥工作，即在对土壤的营养成分进行测试的基础上，根据土壤状况施用配方肥。

（二）补贴对象

承担测土配方施肥任务的农业技术推广机构和依照配方加工配方肥的企业等。

（三）补贴内容

对补贴对象进行土壤采样、测土、配方、配肥等环节所发生的费用给予适当补贴。

（四）补贴标准

测土、配方和土壤采样环节的补贴按照实际需要给予适当补助；仪器设备在充分整合利用现有资源的基础上适当添置，用于仪器设备的补贴原则上不超过财政补贴资金的30%。项目管理费按补贴资金的2%提取。

应用实例一

××县土肥站，属县农业局二级机构，事业单位，2006年该县被省农业厅确定为项目县后，按照程序承担了项目实施工作。

具体操作流程如图11－1所示。

图11－1

1. 制订方案、逐级上报备案。县土肥站按照××省农业厅和××省财政厅逐级下达的项目实施方案，经野外调查，制订该县实施方案，经县农业局逐级上报省农业厅备案。

2. 批复方案、组织实施。该县项目实施方案得到省农业厅备案同意后，开始实施。实施内容包括采样测试、田间试验、技术指导服务、示范带动、化验室维护、测土配方施肥信息发布、应用效果调查、数据库维护等。

3. 验收。每年项目实施完毕后，省农业厅会同财政厅组织农业科研院校、土肥推广部门的专家对该县项目进行验收和技术应用效果评价。

4. 报账拨付资金。在项目实施初期，土肥站填写资金预付审批表，县农业局同意后签署意见，报县财政局审核后，按30%比例预付资金；项目结束后，土肥站填写资金报账提款申请单，提供项目资金文件、实施方案、合同、政府采购文书、项目验收、发票等相关资料，报县财政局审核后拨付剩余资金。

应用实例二

以××县为例，农民采用测土配方施肥技术，水稻每亩可增产节支30元左右，每亩增稻谷50公斤左右，玉米每亩增产80公斤以上，每亩增收节支100元左右。2009年该县农业局根据李姓农户的要求，派技术人员到李的责任田采集土壤，将土壤样品拿到农业局化验室进行化验，得出该农户责任田的养分含量现状，建议该农户应当种植宜香115水稻品种，计划目标产量500公斤，并提出该责任田测土配方施肥方案为：每亩施尿素21公斤，过磷酸钙33公斤，氯化钾13公斤；或者每亩施45%复合肥25公斤，尿素13公斤，氯化钾7公斤。产量结果为每亩560.5公斤，与相邻田块习惯施肥对比每亩增产53公斤，每亩增收节支32元。

十二、对种粮农民直接补贴政策

（一）政策背景

长期以来，我国的粮食补贴一直补贴在流通环节。国有粮食企业按保护价敞开收购农民余粮，财政补贴国有粮食企业。这种方式对保护种粮农民利益起了一定作用，但问题也很突出，主要表现为补贴环节多、效率低、农民获益少；国有粮食企业靠国家补贴生存，缺乏市场竞争力；粮食大量积压，流通不畅；粮价逐年下跌，农民利益受损。为解决这些问题，财政部从2000年开始着手研究改革粮食补贴方式，提出了将补贴在粮食流通环节的粮食风险基金拿出一部分直接补贴给种粮农民、建立粮食直补制度的初步设想。2004 年，经国务院批准，粮食直补政策正式出台。实施对种粮农民直接补贴，是党中央、国务院加大强农惠农政策力度，关注三农、关注民生的重大举措，是促进粮食增产、农民增收，确保国家粮食安全的重要措施。

2006 年国家出台实施石油综合配套调价改革，逐步理顺石油、柴油等成品油价格体系。国家对农用柴油统一调价后，增加了农民种粮成本支出，一定程度上影响了农民种粮收益。为保护好农民利益，稳定农民种粮收益，经国务院批准，综合考虑柴油、化肥等农业生产资料价格变动因素，中央财政新增补贴资金，通过粮食直补建立的可靠补贴渠道，对种粮农民柴油、化肥等农业生产资料增支实行综合补贴。2009 年，财政部认真总结近年来直补工作经验，经国务院批准，建立了农资综合补贴动态调整机制，按“价补统筹、动态调整、只增不减”的原则，统筹考虑农资价格、粮食价格变化和财力情况，适当安排农资综合补贴及时弥补农民种粮增支，从制度上确保农民种粮收益不因农资价格上涨而下降，从机制上促进农民种粮持续增收，给农民种粮再吃“定心丸”，更好地保护农民种粮积极性，不断促进粮食增产、增收。

（二）补贴范围

现行政策对粮食直补和农资综合补贴的补贴范围进行了不同规定。由于粮食直补资金是从各省粮食风险基金中优先安排，粮食主产省风险基金规模大，也是粮食生产的核心区域，政策要求粮食主产省、自治区必须在全省范围内实行对种粮农民（包括国有农场的种粮职工，下同）直接补贴；其他省、自治区、直辖市也要比照粮食主产省、自治区的做法，对粮食主产县（市）的种粮农民实行直接补贴，具体实施范围由省级人民政府根据本省实际情况自行决定。粮食直补坚持谁种地补给谁的原则；承包地转包给他人的，按承包协议处理；抛荒地和非农业征（占）用的耕地不予补贴。

农资综合补贴资金是由中央财政预算安排，要求对所有种粮农民给予补贴，具体补贴范围，由各省级人民政府根据本省的实际情况自行确定。现行政策对粮食直补和农资综合补贴的补贴范围进行了不同规定。

（三）补贴标准

落实粮食直接补贴政策实行粮食省长负责制，各省级人民政府根据国务院的补贴政策，制定具体的实施意见，负责将补贴资金兑付到户。国务院政策规定，原则上要求按种粮面积向种粮农户兑付补贴，具体补贴方式，由各省级人民政府根据本省的实际情况自行确定。从各省情况看，大部分省按面积兑付补贴，具体又有计税面积、实际种粮面积、耕地面积等，每亩的补贴标准，由地方政府根据本地补贴总额和补贴总面积测算确定；也有个别地方是按粮食产量、粮食商品量进行补贴，每斤粮食补贴标准由地方政府根据本地补贴金额和补贴粮食数量确定。

（四）补贴方式

为方便农民领取补贴资金，在全国范围内逐步推广“一折（卡）通”，直接将补贴发放到农户的存折上，提高效率，方便农户。逐步建立完善中国农民补贴网，通过补贴网管理监督补贴发放。推行“一折（卡）通”和中国农民补贴网后，钱从银行直接打到农民存折上，既安全可靠又支取便捷。

（五）资金管理

现行政策明令禁止集体、他人代领对农户的粮食直接补贴，严禁挤占、挪用、截留对农民的直接补贴。必须把直接补贴兑付到农户手中。建立补贴资金专户管理制度、村级公示制度、基础档案管理制度、联合督察制度等。补贴资金通过专户管理拨付，中间环节见数不见钱，管账不管钱；每户的补贴面积、补贴标准、补贴金额，全部在村里张榜公布，最少一周时间，防止虚报冒领和弄虚作假；补贴发放的依据、清单等基础资料要建档归卷，不定期抽查；有关部门对补贴发放实行联合督察，发现问题严肃处理等等。

（六）向产粮大县、种粮大户的倾斜政策

粮食直补政策要求向产粮大县倾斜、向种粮大户倾斜，具体操作中有所体现。一是补贴资金的分配环节。粮食直补是按各地的粮食风险基金规模测算，要求用于粮食直补的资金不低于风险基金规模的一半。粮食主产区原来风险基金规模大，用于粮食直补的资金也多，农户的补贴标准也相对高一些。中央财政对各省（区、市）分配农资综合补贴资金，是按因素法，按统一的公式，公平、公开、公正的测算分配。分配补贴资金考虑各省的粮食播种面积、产量、商品量、农资使情况等，产粮越多、商品量越大，地方得到的补贴资金越多，农户的补贴标准也相对高一些；二是补贴资金的兑付环节。为进一步鼓励种粮大户，近年来，一些地方实行了专门针对种粮大户的补贴政策，直接提高种粮大户的补贴标准，有力地调动了种粮大户发展粮食生产的积极性。

（七）政策成效

对种粮农民实施直接补贴，是贯彻落实党中央“多予、少取、放活”的“三农”政策方针，构架公共财政政策体系，加大财政支农力度的重要措施。对落实好十七届三中全会精神、促进增粮增收、扩大农村消费、确保国家粮食安全、保持农村稳定、促进经济社会平稳发展，均有重要意义。2004 年开始实施直接补贴以来，全国对种粮农民的粮食直补及农资综合补贴资金逐年增加，财政支农惠农力度逐年加大。2004 年补贴额度为 116 亿元、2005 年为 132 亿元、2006 年为 262 亿元、2007 年为 427 亿元、2008 年为 867 亿元，2009 年达到了 946 亿元。2004 年至 2009 年累计补贴资金达到 2 750 亿元，使 7 亿多种粮农民直接受益。

应用实例一（粮食直接补贴政策实例）

2008 年度××省××县粮食直接补贴面积为 82.16 万亩，粮食直接补贴户数为 120 876 户，每亩补贴标准为 14.35 元。该县××乡××村第一村民组共有农户 80 户，2008 年该组补贴总面积 500 亩。该项政策的实施步骤如下：

具体操作流程如图 12－1 所示。

图 12－1

1. 核定面积。2004 年，农户当年的补贴面积根据 2002 年农村税费改革时核定的计税面积确定。以后年度的粮食直接补贴面积以上年度省核定的粮食直接补贴面积为基础，据实核减退耕还林、基本建设和国家合法征占等不种植粮食的面积后核定。各县（区）新增加的补贴面积，由本级政府负责筹措资金，按不低于省核定的标准对农户兑现补贴。

上述××村第一村民组，2008 年秋落实退耕还林面积 50 亩；修建高速公路占用部分农户耕地 135 亩；因历史遗留问题未纳入粮食直接补贴面积的 12 亩耕地，经农户申报、乡政府核实、县财政部门批准后决定纳入粮食直接补贴面积。该村民组 2009 年度的实际补贴面积为：

实际补贴面积＝500－50－135＋12＝327（亩）

注：在实施过程中，要将核减核增面积据实落实到户。

2. 确定补贴标准。××省××县 2009 年度在核定粮食直接补贴面积时，核减退耕还林、基本建设和国家合法征占等不种植粮食的面积0.46万亩，新增种粮补贴面积0.11万亩，2009年实际核定粮食直接补贴面积81.81万亩，当年上级下达粮食直接补贴资金1 179.7万元，每亩粮食直接补贴标准为14.42元/亩［1 179.7万元÷（82.16万亩－0.46万亩＋0.11万亩）＝14.42（元/亩）］。实际需要补贴资金1 179.7002万元（81.81万亩×14.42元/亩），资金缺口2元（1 179.7002万元－1 179.7万元）由粮食直接补贴专户存款利息支付。

2009年因土地承包、人口消亡、农户合并等原因减少695户，因分家、土地承包等原因新增432户，2009年粮食直接补贴户数为120 613户。

3. 公示补贴信息。乡财政所在补贴面积和补贴标准确定后，以村组为单位将每个农户的补贴面积、补贴标准、补贴金额张榜公示，在公示栏中注明乡镇财政所工作人员联系电话和办公地点，对公示内容有异议的农户，要在规定的时间内反映解决。经公示无异议后，乡镇财政所方可制订落实方案。

4. 制订方案。制订落实方案要注意反映：一是粮食直接补贴面积与上年变化情况；二是粮食直接补贴标准、补贴资金与上年的变化情况；三是粮食直接补贴户数与上年变化情况。

上述××县经核实有关数据，2009年度该县上报落实方案的粮食直接补贴面积、补贴金额和补贴户数分别如下：

粮食直接补贴面积＝82.16（万亩）－0.46（万亩）
＋0.11（万亩）＝81.81（万亩）

每亩粮食直接补贴标准＝1 179.7（万元）÷81.81（万亩）
＝14.42（元/亩）

全县粮食直接补贴资金＝81.81（万亩）×14.42（元/亩）
＝1 179.7002（万元）

粮食直接补贴户数＝120 876（户）－695（户）＋432（户）
＝120 613（户）

5. 兑现补贴资金。省直补办批复县级粮食直接补贴落实方案后，县级财政部门将批复的粮食直接补贴数据导入相关金融机构，同时将补贴资金全额拨入承办金融机构，由承办金融机构将补贴资金存入每个农户的补贴存款“一折通”。乡镇财政所向每个农户发放补贴兑现通知书，村民在领取通知书后可到承办金融机构查询或支取资金。

应用实例二

1. 了解政策。按国家规定，为进一步促进粮食生产、保护粮食综合生产能力、调动农民种粮积极性和增加农民收入，某省某县从2006年起对种粮农民实施直接补贴。补贴范围为全县所有种粮农民，补贴标准为10元/亩。补贴面积2008年以前是按2002年计税面积进行补贴，2008年后调整为按照实际种粮面积进行补贴。县乡政府及财政部门通过广播、电视台、网络、标语等形式开展了广泛宣传。该县二道梁村三组农民张某通过宣传单了解了粮食直补政策。

2. 核定补贴面积。2006年10月的一天，村组干部到农户张某家中登记填表，统计土地承包的基础资料，其中耕地面积3.37亩、计税面积2.8亩、播种面积3.43亩，张某签字盖章，再经村主任审核签字，上报二道梁村委会。

3. 分户编制清册张榜公示。由二道梁村对全村农户每年粮食直补到户的补贴面积编制清册，以村民小组为单位，进行公示1个星期，公示表上标注了县镇两级举报电话。1周后，村民无异议，村委会将分户清册上报镇财政所。

4. 计算补贴。镇财政所根据农业部门核准后的种植面积材料，确定补贴金额，则

农户张某粮食直补金额＝3.37（亩）×10元/亩＝33.7（元）

5. 资料录入。镇财政所核实无误后，将农户张某的基础资料录

入到农民直补网（见表 12－1），然后上报县财政局经济建设科。

表 12－1　　　　　农户基础信息统计表

基础信息	乡镇	××镇
	村组	二道梁村三组
	姓名	张某
	农户编号	610726011105004
	身份证号码	61232619640221091X
	户口本号	5—17
	开户银行	××县邮政银行
	银行账号	607997002200122946
土地承包情况	耕地面积（亩）	3.37
	计税面积（亩）	2.8
	播种面积（亩）	3.43
补贴情况	补贴标准 8 元/亩	33.7 元/年

6. 财政核拨资金。县财政局上报市财政局（逐级上报），由市财政局将核定的补贴资金下拨给该县财政局经建专户。县财政局按分户编制的清册，向农户“一卡通”开户行（县邮政银行）拨付资金。

7. 银行兑付资金。县邮政银行将资金转存至农户张某“一卡通”账户 26.96 元。

8. 发放“农户补贴兑现通知书”。农户张某接到财政所“通知”，说明粮食直补资金已到账，可以支取。

应用实例三

蒋某是外地人，在周王村二组临时居住的农民，耕种了周王村在外地打工的村民周某8亩承包地，同时又耕种了吴某转让的3亩承包地，2009年初，拟种植水稻6亩，年初在村组干部调查种植情况时，蒋某申报了他接手耕种的11亩耕地，其中6亩田用于种植水稻。

因蒋某系外来种田农户，村组干部在年初用蒋某的身份证复印件主动向镇财政所为其申办了信用社的“一折通”存折，4月份该镇各村上报的全镇水稻种植面积经镇农技中心审核后，张榜公布的水稻粮食直补公示榜单上，仍有周某4亩水稻田面积和80元金额补贴，而蒋某只有2亩水稻种植面积40元金额补贴。为此蒋某找到村干部询问情况，村干部答复，经调查蒋某申报的6亩水稻种植面积中，其中4亩水稻田为周某的承包地，2亩水稻田为吴某的承包地，国家的粮食直补规定是对种粮农户的直接补贴，蒋某转包吴某的承包田时没有对水稻直补明确约定，所以转包吴某的2亩水稻田粮食直补资金按每亩20元计40元归蒋某所有，而周某在转包承包地时跟蒋某有过书面约定，转包期间凡国家政策性收费由周某负担，所有政策性补贴亦归周某享有，蒋某承种一年交给周某人民币200元，因组里作了见证，为减免矛盾和麻烦，所以村里上报镇里时就直接按每亩20元归户到周某户上。

公示期间，周王村有群众按公布的镇农技中心投诉电话号码打电话，投诉蒋某实际种植水稻面积只有5亩，接到群众反映，镇农技中心委派人入村了解情况，查证蒋某种植的周某承包地上原定4亩种植水稻的其中一亩改栽了茨菇，农技中心即时如实调整，6月初镇财政所在粮食直补资金发放的公示榜单上公布，蒋某粮食直补面积2亩40元，周某3亩60元，公示一周后，没有接到疑义反映，月底财政部门将粮食直补资金通过在信用社为农户开设的“一折通”发放到应享农户。蒋某在悉知财政所张贴的告知通知后，带身份证和“一折通”到镇农村信用社领取了应得的粮食直补资金

40 元。

应用实例四（农资综合补贴政策实例）

1. 了解政策。按上级财政部门文件通知，××省××县从2006年起对种粮农民因农资（像化肥、农药、种子等）涨价而增加的种粮成本实施直接补贴，简称农资综合补贴。补贴范围为全县所有种粮农民，补贴标准为45元/亩。补贴面积2008年以前是按2002年计税面积进行补贴，2008年后调整为按照实际种粮面积进行补贴。县乡政府及财政部门通过广播、电视台、网络、标语等形式开展宣传。该县××镇农民刘某从镇财政所王所长那里知道了农资综合补贴的政策。

2. 核定补贴土地面积。不久，村组干部到刘某家中上门登记填表，统计第二轮包产到户土地承包面积等基础资料，刘某家的补助面积为2.81亩。刘某签字盖章，再经村主任审核签字，上报村委会。

3. 分户编制清册张榜公布。由村委会对全村农户每年农资补贴到户的补贴面积编制清册，以村民小组为单位，进行公示1个星期，公示表上标注县镇两级举报电话。一周后，村民无异议，村委会将分户清册上报乡镇汇总。

4. 逐级核查。乡镇负责对村上报的面积进行核查，核查无误后将组数、农户数和补贴核定面积进行汇总，经镇负责人和经办人签字、盖章后，报县农业局对全县情况汇总，经县人民政府审批后连同实施方案一并上报市农业局、财政局。市财政局审查后，根据农资综合补贴核定面积将资金下拨乡镇。

5. 财政所拨款。镇财政所按分户编制的清册，向农户“一卡通”开户行（农村信用联社）拨付资金。2009年补贴标准每亩45元，农户刘某补助金额为126.45元（2.81亩×45元/亩＝126.45元/年）。

6. 银行兑付资金。农信社将资金转存至农户刘某“一卡通”账户 126.45 元。

7. 发放“农户补贴兑现通知书”。刘某接到财政所“通知”，说明农资综合补贴资金已到账，可以支取。

应用实例五

农民王某，家庭第二轮承包土地面积共 18 亩，其中 8 亩低洼地开挖成鱼塘搞养殖，另 8 亩耕地用于种植小麦、油菜和水稻、棉花及大豆等农作物。年初，村组干部在调查和统计种植布局及水稻面积时，王某申报种植小麦 6 亩、油菜 2 亩，水稻 3.5 亩，棉花 3 亩，还有 1.5 亩种大豆，4 月份经村上报镇农技中心核定后，张榜公布的粮食直补和农资综合补贴面积及金额表上，王某家的种植水稻面积为 3.5 亩，粮食直补资金为 70 元，农资综合补贴面积为 8 亩，每亩补贴标准 69 元，计 552 元，两项合计补贴 622 元。

王某向村干部询问其详时得到答复，粮食直补是对种粮农户按每亩 20 元的资金直接补贴到户的，农资综合补贴是根据农业生产资料的价格变动因素，会给农民在农作物生产期间带来增资负担进行的资金补贴。王某承包面积 18 亩，其中 10 亩已开塘养鱼，不属农作物生产面积，故不予农资综合资金补贴，其余的 8 亩分季节种植农作物，应予农资综合补贴，按江苏省统一规定的每亩 69 元补足外，其中种植水稻的 3.5 亩田外加粮食直补金每亩 20 元。

经张榜公布后，镇农技中心在规定时间内没有接到群众举报和反映，上报上级农林部门审核后，转交财政部门将农资综合补贴资金分别汇入为农户在农村信用社开设的“一折通”存折上，经通告告知农民，由农户带“一折通”存折，凭身份证件到信用证直接领取应享资金。

十三、家电下乡政策

（一）政策背景

由于国内农村家电普及整体水平比较低，与物质文明和精神文明建设的内在要求不相适应，而目前我国已经进入工业化中期，具备了工业反哺农业的条件与基础。同时，国际金融危机对我国实体经济特别是家电行业的发展也造成了较大影响。综合考虑以上因素，2008年11月19日国务院第36次常务会议，决定在前期试点的基础上，在全国推广家电下乡，对农民购买家电产品实行财政补贴。根据会议精神，财政部牵头，会同商务部、工业和信息化部、国家发展改革委、中宣部、农业部、环境保护部、供销总社、税务总局、工商总局、质检总局等有关部门建立了家电下乡联席会议制度，共同组织实施家电下乡工作。

（二）补贴对象

家电下乡补贴对象包括具有农业户口的农民以及国有农、林场职工。

（三）执行时间

家电下乡政策从2007年12月1日开始实施，经历了先行试点、扩大推广、全国推广三个阶段，在各地区实施的时间统一暂定为4年。其中：第一批试点的山东、青岛、河南、四川等4个省（计划单列市），从2007年12月1日开始，执行到2011年11月底；第二批扩大推广的内蒙古、辽宁、大连、黑龙江、安徽、湖北、湖南、广西、重庆、陕西等10个省（自治区、直辖市和计划单列市），从2008年12月1日开始，执行到2012年11月底；其余

12个省（自治区、直辖市和计划单列市）以及新疆生产建设兵团，从2009年2月1日开始，执行到2013年1月底。

（四）补贴标准及资金来源

家电下乡产品补贴标准按最终销售价格的13%给予补贴，并对每类产品分别设定了最高补贴限额。补贴资金由中央财政和省级财政共同负担，其中，中央财政负担80%，省级财政负担20%。对新疆、内蒙古、宁夏、西藏、广西等5个少数民族自治区及“5·12”汶川地震51个重灾县，补贴资金全部由中央财政全额承担。

（五）补贴品种、数量、限价

目前全国统一实施的家电下乡产品包括彩电、冰箱（含冰柜）、手机、洗衣机、电脑、空调、热水器（含储水式电热水器、燃气热水器、太阳能热水器）、微波炉、电磁炉九类；此外，各省在上述九类补贴产品外，还各增选了一类家电产品列入补贴范围。

每户每类家电下乡产品补贴数量不得超过2台（件）。

最高限价分别为：彩电单价不超过7 000元；冰箱（含冰柜）单价不超过4 000元；手机单价不超过2 000元；洗衣机单价不超过3 500元；壁挂式空调单价不超过3 500元、落地式空调单价不超过6 000元；电脑单价不超过5 000元；太阳能热水器单价不超过5 000元；储水式电热水器单价不超过2 500元；燃气热水器单价不超过3 500元；电磁炉单价不超过1 000元；微波炉单价不超过1 500元。

（六）补贴方式

具体操作方式与流程有以下几种，各地可根据本地实际从中选择：

1. 农民申领、乡镇财政所审核并兑付方式。

（1）农民持身份证、户口簿到指定的销售网点购买家电下乡产品。

（2）销售网点销售家电下乡产品后，当场为购买人开具发票。

(3) 农民购买家电下乡产品后，即可持产品标识卡、发票、身份证、户口簿、存折（指粮食直补专用存折，没有粮食直补专用存折的可用其他储蓄存折，下同）到指定的乡镇财政所申领补贴。

(4) 乡镇财政所须当场审核农民相关证件及购买资料，并将以下信息录入家电下乡信息管理系统：产品标识卡号、发票号、购买人姓名及身份证号、户口簿号码及户主姓名、粮食直补专用存折账号，以及购买人住址和联系方式。录入的存折开户人姓名与购买人或户主姓名必须一致。同时对农民身份进行核查。审核后将农民相关证件当场退还农民。不符合补贴条件的，当场告知农民并做好解释说明工作。符合补贴条件的，将产品标识卡原件及发票复印件留存备查，同时通知指定的金融机构兑付补贴资金。

乡镇财政所不能当场在计算机专门系统上录入信息的，应将相关信息先填入纸制表格，再录入信息系统。

(5) 金融机构收到乡镇财政所兑付通知后，应立即将补贴资金存入购买人储蓄账户，并将兑付情况反馈乡镇财政所，定期与财政所结算。乡镇财政所要及时通知购买人。

(6) 乡镇财政所审核工作要做到随到随审，金融机构兑付要做到即接即办。从农民提出申请到资金兑付至购买人储蓄账户的时间累计不得超过3个工作日。

2. 农民申领、金融机构审核并兑付方式。

(1) 农民持身份证、户口簿、存折到指定的销售网点购买家电下乡产品。

(2) 销售网点查验购买人相关证件后，销售家电下乡产品，当场为购买人开具发票，并按第1（4）款录入相关信息。不能当场在计算机专门系统上录入信息的，销售网点应将相关信息填入纸制表格，一式两份，一份由农民交金融机构，一份由销售网点留存，并在农民购买之日起3个工作日内在计算机专门系统上录入信息。

(3) 农民购买家电下乡产品后，即可持产品标识卡、发票、身份证、户口簿、存折向指定的金融机构申领补贴。在销售网点填写纸制表格的，农民应带上纸制表格到乡镇财政所申领补贴。

（4）金融机构应随到随审，包括审核农民相关证件及购买资料，与销售网点申请表格的信息进行准确性核对，对农民身份进行核查。不符合补贴条件的，应当场告知。符合条件的，应当场将补贴资金存入购买人储蓄账户。同时，要将产品标识卡原件及相关复印件、销售网点申请表格汇总整理，定期到指定的乡镇财政所进行结算。

（5）乡镇财政所收到金融机构结算材料后，应随到随审上述第2（4）款规定的内容，并对金融机构兑付情况进行核查，在此基础上进行补贴资金结算。对不符合补贴条件的，乡镇财政所不得结算，由此发生的损失由金融机构自行承担。结算完毕后，应在计算机专门系统上办理补贴信息审核确认。

3. 销售网点代办申领、乡镇财政所审核确认并兑付方式。

（1）农民持身份证、户口簿、存折到指定的销售网点购买家电下乡产品。补贴资金申领手续由销售网点代为办理。

（2）销售网点按上述第1（4）款规定审核农民身份，并将相关信息录入计算机专门系统。开具发票后，负责将产品标识卡原件及发票、身份证、户口簿、存折等证件复印整理，汇总填写家电下乡补贴资金申请表格，向指定的乡镇财政所提交申领补贴资料。销售网点每日销售量在10件以上的，实行当日汇总申报制度。销售量小于10件的，必须在3个工作日内汇总申报。

（3）乡镇财政所接到销售网点申报材料后，应随到随审，包括审核农民相关证件及购买资料，与销售网点申请表格的信息进行准确性核对，对农民身份进行核查。不符合补贴条件的，要请销售网点向农民做好解释说明。符合补贴条件的，将产品标识卡原件、相关复印件留存备查，并立即通知指定的金融机构兑付补贴资金，随后应在计算机专门系统上办理补贴信息审核确认，以便信息系统及时汇总统计。

（4）金融机构收到乡镇财政所兑付通知后，应立即将补贴资金存入购买人储蓄账户，并将兑付情况反馈乡镇财政所，定期与乡镇财政所结算，乡镇财政所要及时通知购买人。

4. 销售网点代办申领、金融机构审核确认并兑付方式。

（1）农民持身份证、户口簿、存折到指定的销售网点购买家电下乡产品。补贴资金申领手续由销售网点代办。

（2）销售网点按上述第1（4）款规定审核农民身份，并将相关信息录入计算机专门系统。开具发票后，负责将产品标识卡原件以及发票、身份证、户口簿、存折等证件复印整理，汇总填写家电下乡补贴资金申请表格，向指定的金融机构提交申领补贴资料。销售网点每日销售量在10件以上的，实行当日汇总申报制度。销售量小于10件的，必须在3个工作日内汇总申报。

（3）金融机构收到销售网点申报材料后，应随到随审上述第2（4）款规定的内容。不符合补贴条件的，要请销售网点向农民做好解释说明。符合条件的，应于当日内将补贴资金存入购买人账户，并通知购买人。同时，要将产品标识卡原件及相关复印件汇总整理并填报结算表格，定期到指定的乡镇财政所进行结算。

（4）乡镇财政所收到金融机构结算材料后，应随到随审上述第2（4）款规定的内容，并对金融机构兑付情况进行核查，在此基础上进行补贴资金结算。对不符合条件的，乡镇财政所不得结算，由此发生的损失由金融机构自行承担。结算完毕后，应在计算机专门系统上办理补贴信息审核确认。产品标识卡原件必须留存乡镇财政所。

5. 销售网点代办申领并垫付方式。

（1）农民持身份证及户口簿到指定的销售网点购买家电下乡产品，补贴资金申领手续由销售网点代办，补贴资金由销售网点直接垫付。

（2）销售网点须当场审核农民身份相关证件，销售家电下乡产品后，当场为购买人开具发票，将相关信息录入计算机专门系统，审核后要将农民相关证件当场退还农民。不符合补贴条件的，当场告知农民并作好解释说明。符合补贴条件的，直接将补贴资金垫付给购买人，并负责将产品标识卡原件以及发票、身份证、户口簿等证件复印整理，定期汇总填写家电下乡补贴资金结算表格，到指定的乡镇财政所办理结算手续。

（3）乡镇财政所收到销售网点结算材料后，应当场审核农民相关证件及购买资料，对农民身份进行核实，对销售网点垫付情况进行审核，在此基础上进行补贴资金结算。产品标识卡原件及相关复印件留存备查。对不符合条件的，乡镇财政所不得结算，由此发生的损失由销售网点自行承担。

符合条件的结算资金，由乡镇财政所通知指定的金融机构将资金拨付到销售网点的账户。乡镇财政所随后应在计算机专门系统上办理补贴信息审核确认。金融机构接到通知后，应立即办理转账手续，并将兑付情况反馈乡镇财政所。

6. 对因银行网络不健全等原因实行“一卡通”、“一折通”方式兑付有困难的，在及时准确完成审核程序与内容，确保资金安全的情况下，财政部门可以直接对购买家电下乡产品的农民发放现金补贴。

（七）政策成效

全国范围内推广家电下乡对于扩大内需、保持经济平稳较快增长具有重要意义，取得了显著成效。一是农民实实在在得到了好处，改善了民生，拉动了消费。实施家电下乡四年，有望使城乡家电普及率差距由目前的近 20 年缩小到 10 年；二是消费节能产品逐渐成为一种习惯。政策对下乡产品能效水平作了严格规定，大中小企业产品能效水平都得到了提高；三是加快了流通服务体系建设。家电下乡使农村营销渠道从无到有并逐步规范，连锁经营得到了快速发展；四是缓解了金融危机对家电行业的冲击。在“家电下乡”政策的刺激下，农村市场销售增长40%以上，对企业产品销售起到了明显拉动作用；五是外部效果明显，带动了相关产业发展。家电下乡产品产销两旺，带动了上下游原材料行业、劳动就业的增长，进一步促进用电和其他消费的增长。随着家电下乡政策的持续深入推进，成效将更加明显，充分体现了“农民得实惠、企业得市场、经济得发展、政府得民心”的政策目标。

应用实例一（销售网点代办申领并垫付方式）

村民魏某，2009 年打算购买家电下乡产品“海尔”冰箱一台。其操作步骤如图 13－1 所示。

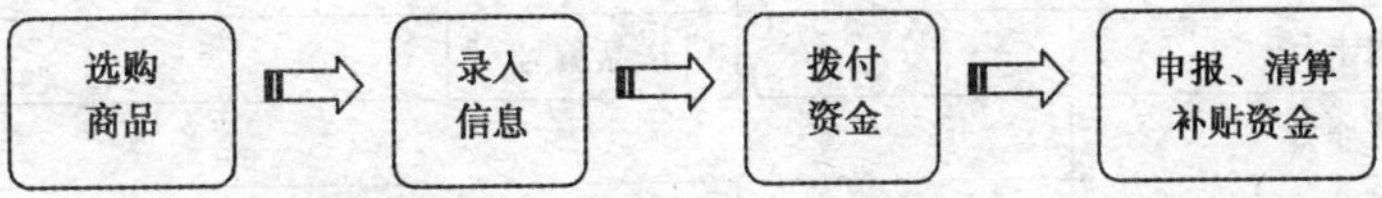

图 13－1

1. 选购商品。魏某携带本人户口簿、身份证及复印件到家电下乡产品销售点选购冰箱，魏某选中一款售价为 2 399 元的“海尔”冰箱，经销商核实魏某的相关信息后按冰箱售价的 87% 即 2 087. 13 元将这款冰箱销售给魏某，其差价 311. 87 元（即冰箱销售价 2 399 元的 13%）由经销商垫付。

2. 录入信息。经销商将销售给魏某及其他消费者的商品信息、销售信息以及补贴备案信息录入《家电下乡信息管理系统》，并打印家电下乡补贴资金申报表（见表 13－1），整理后定期连同产品标示卡原件，魏某及其他消费者的户口簿、身份证和销售发票复印件以及开户银行等材料，报送所在镇财政所。

3. 拨付资金。镇财政所根据经销商的申报材料（申报材料留有农户电话），对这批家电下乡农户进行不少于 30% 的抽查，核实后录入家电下乡信息管理系统，对补贴信息确认并汇总。然后，通过该镇农村信用社将经销商为魏某及其他消费者代垫的补贴资金拨入经销商银行账户。

4. 申报、清算补贴资金。乡镇财政所每月5日前将上月的农户家电下乡补贴资金申报表以及汇总表报到上级财政部门。上级财政部门审核后把补贴资金拨付到乡镇财政所家电下乡补贴专户，并预拨部分家电下乡补贴资金。

表13－1　　家电下乡补贴资金申报表

单位名称：　　　　打印日期：

产品基本信息			
产品型号		产品类型	
标识卡号		产品编号	
生产企业			
最高限价		补贴比例	
产品销售信息			
销售网点			
产品报价		销售金额	
发票号码			
购买人姓名		身份证号码	
购买人地址			
购买人固定电话		手机	
补贴备案信息			
购买人银行开户名			
购买人开户行			
购买人储蓄账号			
户口簿号		户主	
购买人姓名		与户主关系	
实际补贴金额		受理日期	

续表

注：如由他人代领，请在此填写代理人信息。			
代领人姓名		身份证号码	
代领人地址			
代领人固定电话		手机	
备注			
补贴确认上报			
初审日期		是否补贴	
审核人		审核部门	

申报人签名：　　　　财政部门受理人签字盖章：

应用实例二（销售网点代办申领并垫付方式）

1. 了解政策。根据国家对农民购买家电下乡产品给予补贴的政策，某县政府召开联席会议，制定实施办法，确定销售网点，印发家电下乡政策宣传册，并要求销售网点在明显位置悬挂由商务部门监制的销售门店标识，张贴统一的家电下乡产品公示栏和农民购买须知。该县黄坝村5组村民刘老汉现年50多岁，在家务农。因地处山区，电视信号干扰大，电视机陈旧，无法正常收看电视节目，平时农村文化娱乐活动少，生活极为不便。2008年12月份，县、镇、村大力宣传国家家电下乡政策后，其趁平时赶集之际，在镇家电下乡店中仔细咨询政策，知道了农民在家电下乡实施时间内，购买规定的家电产品，政府给予销售价格13%的资金补贴。刘老汉在了解商品、对比性能后决定购买家电下乡产品。

2. 购买产品。2009年5月20日，刘老汉一家3口带着身份证和户口本，来到县兴隆家电公司一次性购买创维29英寸彩电1台，型号29715AA，价格1 168元，小天鹅洗衣机2台（家用1台、子女婚嫁1台），型号XPB65－282S，单价658元。在这两和产品的外包装的正前面印有“财政部商务部家电下乡中标产品”字样。产品使用说明书封面左上角增加家电下乡专用标识及“财政部商务部家电下乡中标产品”字样，右下角粘贴有“家电下乡产品标识卡”。

3. 申报及兑付补贴资金。收银台全额收取了刘老汉购货款2 484元，并开具发票。然后在店内“家电下乡直补点”处，刘老汉提供自己身份证、户口本、粮食直补存折（没有的到当地邮政局办理）、家电下乡标识卡复印件，现场领取现金补贴款322.92元［（1 168+658+658）×13%］。兴隆家电公司当天送货上门，技术人员调试好电视机和洗衣机后，亲自教其操作。半年多来，刘老汉收看电视机节目清晰，3台（件）产品无故障。

（农民购买家电下乡产品后因质量问题需要退货的，按照先退补贴后退货的原则，在销售网点同意并在原销售发票上注明“同意退货”后到乡镇财政所审核。补贴资金尚未发放的，乡镇财政所在原销售发票上签署“补贴未发，可退货”意见，并加盖公章；补贴已发的，购买人退回补贴金额，财政所在原销售发票上签署“补贴已退，可退货”意见，并加盖公章。购买人凭乡镇财政所签署意见的销售发票到原购买网点办理退货手续。）

4. 家电下乡经销商与财政结算垫付资金。经销商兴隆家电公司先行垫付补贴资金，并及时将每次的补贴信息录入家电下乡信息管理系统，定期汇总补贴兑付的纸质资料，到镇财政所进行资金结算。财政所登录家电下乡的管理系统，对纸质和电子文档进行审核无误后，直接将垫付资金划入兴隆家电公司账户。

5. 管理监督。经销商要为农民提供送货上门、安装调试、使用辅导、维修服务、详细讲解安全使用常识等。财政等有关部门要督促销售网点认真履行服务承诺，妥善处理投诉，按规定做好退换货。有违反政策规定、不履行投标承诺和中标协议、骗取补贴资金、坑农害农以及扰乱市场秩序等行为的，将给予扣缴保证金直至取消家电下乡产品及中标企业资格的处罚。

应用实例三（销售网点代办申领，乡镇财政所审核确认并兑付方式）

农民高大爷今年秋收喜获丰收，将自建房屋装修一新，为明年迎娶儿媳妇，需购置常用家电，他知道自2009年2月起，国家实施了“家电下乡”惠农补贴政策，就专门到镇上悬挂有“家电下乡指定店”标牌的商家选购，经过商家销售人员的耐心的导购和介绍，经过讨价还价，高大爷选购了彩电2台、空调2台、冰箱、洗衣机、热水器、微波炉等各1台，共计15 000元。

高大爷问导购员讨价还价后是否还能享有补贴时，商家答复，还价的是商家让利部分，所选购的家电商品每类没有超过2台，是照样能够按商品的挂牌价开发票，享有13 %的资金补贴的。高大爷问如何办理补贴手续时，商家回答，因“家电下乡”补贴手续办理经过调整，7月1日之前由购买家电下乡产品的农户凭相关证件到所在乡镇财政所直接办理，改为购买家电下乡产品的农户购买时留下相关证件的复印件，由商家代为到所在财政所办理，经财政所网上审核通过后，再将补贴资金汇入购买商品的农户提供的银行存折上。

高大爷问需要哪些材料复印件？商家介绍：（1）购买人的居民身份证，证明购买人的真实身份；（2）户口簿，没有户口簿的需持派出所出具的户籍证明，因系家电下乡产品，是对农户的优惠政策，购买者必须证明是农户；（3）每个家电下乡产品上都粘有专门的家电下乡产品标识，还有一张与产品唯一对应的“家电下乡产品标识卡”；（4）由商家开出的购买产品发票；（5）与购买人身份证、姓名相一致的专用存折，种田农户可用发放惠农补贴的“一折通”存折。商家还关照高大爷，让他不要着急：由我们商家将相关信息录入网络家电下乡系统后，再将材料复印件报送所在财政所，由财政所上网核查通过后，才将补贴资金汇入你的存折上。

半个月后，高大爷带身份证和“一折通”存折，到所在农村信用社领取了1 950元的补贴款。

十四、汽车摩托车下乡政策

（一）政策背景

汽车摩托车下乡是对农民购买微型客车、摩托车以及将三轮汽车或低速货车报废并换购或新购微型载货车、轻型载货车时，国家财政给予一定金额补贴的政策。实施汽车摩托车下乡是国务院作出的重要决策，既是实现惠农强农目标的需要，也是拉动消费、带动生产的一项重要措施。汽车摩托车下乡政策正式出台时间是2009年3月10日，财政部、发改委、工信部、公安部、商务部、工商总局和质检总局等七部门联合发布了《汽车摩托车下乡实施方案》（财建［2009］104号）。汽车下乡政策从2009年3月1日开始，持续到2010年12月31日；摩托车下乡政策从2009年2月1日开始，将持续到2013年1月31日。实施汽车摩托车下乡的宗旨是，提高农民购买能力，加快农村消费升级，改善农民生产生活条件，促进汽车摩托车产品技术更新换代，实现汽车摩托车产业结构优化升级，实现内外需协调发展。

（二）补贴品种

享受补贴政策的产品包括微型载货车、轻型载货车、微型客车、摩托车。

1. 微型载货车：是指至少四个车轮且用于载货的机动车辆，其“中华人民共和国机动车整车出厂合格证”或由公安部门核发的“机动车登记证书”中“车辆型号”项第一位数字为“1”或“3”

或“5”、“总质量（kg）”项不超过1 800kg的机动车。

2. 轻型载货车是指：至少四个车轮且用于载货的机动车辆，其“中华人民共和国机动车整车出厂合格证”中“车辆型号”项第一位数字为“1”或“3”或“5”，“总质量（kg）”项大于1.8吨但不超过6吨的机动车。

3. 微型客车是指：至少四个车轮且用于载客的机动车辆（不含轿车），其“中华人民共和国机动车整车出厂合格证”中“车辆型号”项第一位数字为“6”、“排量和功率（ml/kw）”项中排量不超过1.3升的机动车。

4. 摩托车是指两轮或三轮摩托车。

具体下乡产品目录由汽车摩托车生产企业向财政部、工业和信息化部提出申请，经审核同意后由财政部、工业和信息化部联合发文确定，同时在财政部、工业和信息化部的网站上公布。下乡产品目录根据实际情况进行调整和完善。

（三）补贴标准

农民以购买微型载货车、轻型载货车为目的而报废三轮汽车或低速货车的，报废三轮汽车，每辆补贴2 000元；报废低速货车，每辆补贴3 000元。农民按规定报废三轮汽车或低速货车并换购微型载货车、轻型载货车，以及直接购买微型客车、微型载货车、轻型载货车的，补贴销售价格的10%，销售价格每辆5万元以上的，定额补贴5 000元；农民购买摩托车的，补贴销售价格的13%；销售价格每辆5 000元以上的，定额补贴650元。享受补贴的微型载货车、微型客车和轻型载货车每户限购1辆；享受补贴的摩托车每户限购2辆。

（四）补贴程序

农民购买汽车摩托车下乡产品后，按公安交通管理部门规定办理新车登记注册手续，取得机动车登记证书、机动车行驶证、机动车号牌等证明文书。再向户口所在地或新车上牌地乡镇财政部门申请车辆报废和购买新车补贴资金。经乡镇财政部门审核批准的汽车摩托车下乡补贴资金申请，由乡镇或县级财政部门于15个工作日内将补贴资金一次性全额划入购买人储蓄存折（可以用粮食直补专用存折）。

（五）注意事项

农民购买汽车摩托车下乡产品需要特别注意：

1. 所购买的产品是否是享受补贴的汽车摩托车下乡产品。农民应在购买前核实其打算购买的产品是否是汽车摩托车下乡产品目录中的产品，不在产品目录中的产品享受不到补贴。

2. 经销商是否在财政部、工信部公布的汽车摩托车下乡生产企业授权经销商名单中。只有授权经销商销售的下乡产品才能享受补贴政策，在非授权经销商处购买的下乡产品不能享受补贴。

3. 购买汽车摩托车下乡产品后经销商是否加贴了统一的汽车摩托车下乡标识。

4. 购买后应到公安交通管理部门办理新车登记注册手续，领取机动车登记证书和机动车行驶证证书、牌证等。未上牌登记的机动车辆是不能享受财政补贴的。

5. 对于换购微型载货车、轻型载货车的车主，还须按规定办理三轮汽车或低速货车报废手续，领取“报废汽车回收证明”和公安交通管理部门出具的“机动车注销证明”，方可申请补贴资金。同时，还应注意一点，报废车辆车主与购买微型载货车、轻型载货车的车主必须是同一人。

6. 换购微型载货车、轻型载货汽车的农民车主申领补贴应提供以下材料：

（1）机动车整车出厂合格证（复印件）或公安交通管理部门出具的机动车登记证书（原件及复印件）；

（2）公安交通管理部门出具的机动车行驶证（原件及复印件）；

(3) 机动车销售发票（原件及复印件）；

(4) 报废汽车回收企业出具的“报废汽车回收证明”和公安交通管理部门出具的“机动车注销证明”（原件及复印件）；

(5) 购买人身份证、户口簿等相关身份证明（原件及复印件）；

(6) 购买人储蓄存折（可以用粮食直补专用存折）；

(7) “汽车摩托车下乡补贴资金申报表”（可从网上下载）。

新购微型载货车、轻型载货车、微型客车或摩托车的农民，应提供以上除第（4）款外的所有材料。

（六）资金管理

汽车摩托车下乡补贴资金由中央财政承担80%，地方财政承担20%。新疆、内蒙古、宁夏、西藏、广西等5个少数民族自治区以及国家确定的“5·12汶川地震”51个重灾县，地方财政应负担的补贴资金由中央财政全额承担。

中央财政应负担的补贴资金实行事先预拨、事后清算的方式。财政部根据批复的各省补贴资金规模，将中央财政应负担的补贴资金按80%的比例预拨到省级财政部门。省级财政部门收到中央财政拨付的补贴资金后，落实地方应负担的补贴资金，在15个工作日内下达补贴资金预算，并根据预算及时将不少于50%的补贴资金拨付至县级或乡镇财政部门，其余补贴资金按需求进度拨付。补贴资金通过汽车摩托车下乡补贴信息系统进行审核，按国库集中支付有关规定办理拨款。

（七）政策监管

为保证农民在享受汽车摩托车下乡补贴的同时，购买产品的质量、售后服务、维修等得到有效保证，还将对生产企业和流通企业采取后续的监管措施：

1. 建立监督检查制度，对参与汽车摩托车下乡的生产企业未履行《汽车/摩托车下乡推广工作生产企业协议书》中规定的义务或违反承诺的行为，采取公告、扣除保证金、剔除相关产品、取消生产企业进入下乡补贴范围的资格等措施。

2. 加强对汽车摩托车下乡产品的价格监管。发展改革部门将加强汽车摩托车价格监管，享受财政补贴的汽车摩托车下乡产品销售价格，不得高于市场同期同类产品价格。

3. 工商行政管理部门将依法加强对汽车摩托车销售市场秩序的监督管理，保护消费者合法权益。

4. 质检部门将对汽车摩托车下乡产品和企业加大监督检查力度，严格强制性产品认证管理，严格执行“三包”有关规定，加强缺陷产品召回工作。

应用实例一

1. 购买微型客车、微型载货车、轻型载货车和摩托车。村民任某和黄某，2009 年计划分别购买一辆汽车摩托车下乡产品“五菱”牌微型客车和“嘉陵”牌普通两轮摩托车。操作步骤如下：

（1）购买汽车。具体操作流程如图 14－1 所示。

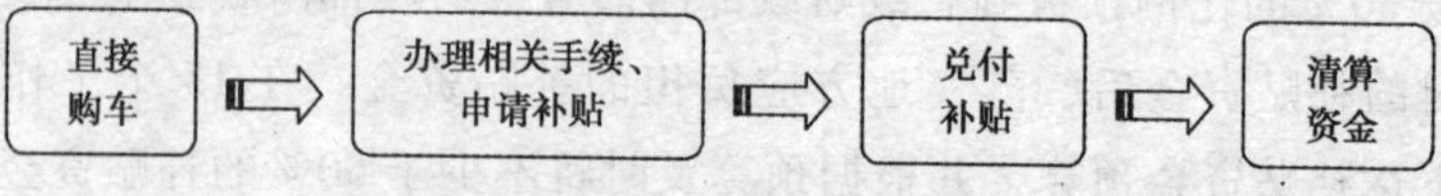

图 14－1

①直接购车。任某直接到××市汽车下乡产品销售公司购买一辆中意的“五菱牌”微型客车，价格为 48 300 元。

②办理相关手续、申请补贴。购买汽车后任某先到公安交通管理部门按规定办理车辆登记手续，然后及时向所在乡财政所申请购买汽车补贴资金，并提供以下材料及复印件：机动车合格证；机动车行驶证；机动车销售发票；购买人本人的身份证、户口簿；粮食直补“一折通”存折；“汽车摩托车下乡补贴资金申报表”（见表 14－1）。任某承诺购买后两年内不出售。

表 14－1　　汽车摩托车下乡补贴资金申报表

新购车辆信息	新购产品类型	□微型载货车 □轻型载货车 □微型客车 □摩托车		
	是否满足限购要求	□是 □否	产品型号	
	车辆识别代码			
	生产企业		车辆号牌	
	排量（ml）		总质量（kg）	
机动车销售统一发票信息	销货单位名称			
	开具发票日期		发票号码	
车主信息	车主姓名		车主联系方式	
	车主户籍所在地			
	车主身份证号码		车主开户行	
	车主储蓄账号			
	户口簿号		户主姓名	
	户主身份证号码		车主与户主关系	
报废汽车信息	车辆类型	□三轮汽车（原三轮农用车） □低速货车（原四轮农用车）		
	车辆识别代码			
	车辆号牌		回收企业名称	
	回收证明号		回收时间	
代办人信息	姓　名		住　址	
	身份证号码		联系方式	
补贴信息（财政所填写）	销售价格（元）		补贴比例（%）	
	购买补贴（元）		报废车补贴金额（元）	
	补贴金额合计（元）			
备注				

机动车车主及代办人对申请材料的真实有效性负责。

车主（代办人）：　　　　财政所经手人：　　　　财政所审核人：

申报日期：　　　　经办日期：　　　　审核日期：

③兑付补贴。财政所按照规定对申报材料进行审核，查验汽车摩托车下乡产品标识，确认补贴资金数额，并留存任某提供材料的复印件，建立汽车摩托车下乡产品及补贴资金档案，开具“汽车摩托车下乡补贴兑付通知书”。财政所根据汽车售价48 300元的10%进行补贴，补贴金额为4 830元（2009年补贴标准为每辆销售价格5万元及以下的补贴售价的10%；每辆5万元以上的定额补贴5 000元。××省还规定，农民购买本省生产的补贴类车型的，除享受国家补贴外，再增加3%的补贴；购买5万元以上的，每辆增加定补1 500元）。财政所在7个工作日内将补贴资金4 830元通过乡农村信用社拨到任某直接补贴“一折通”存折。

④清算资金。财政所及时编制“汽车摩托车下乡补贴资金汇总表”连同“汽车摩托车下乡补贴申请表”于每月5日报送县财政局进行复核、备案。县财政局根据各乡镇补贴资金兑现情况，及时将上级财政部门下拨的补贴资金拨到各乡镇财政补贴专户，并按进度预拨补贴资金。县财政局将汽车摩托车下乡产品补贴资金使用情况等审核汇总上报上级财政部门审核清算。

（2）购买摩托车。黄某购买摩托车和任某购买汽车程序相同，只是补贴标准不同。摩托车销售价格每辆5 000元及以下的，补贴销售价格的13%；销售价格每辆5 000元以上的，定额补贴650元。××省还规定，农民购买本省生产的补贴类车型的除享受国家补贴外，再增加3%的补贴；购买单价5 000元以上的，每辆增加定补150元。

2. 报废三轮汽车、低速货车换购微型货车、轻型载货车。村民李某，2009年打算报废自己手续齐全的“时风”牌旧三轮汽车后，购买一辆汽车下乡产品“江铃”牌轻型货车。其操作步骤如下：

具体操作流程如图14-2所示。

图 14－2

（1）报废汽车。李某到××市汽车回收公司将自己手续齐全的“时风”牌旧三轮汽车按规定办理报废手续，然后到公安交通管理部门办理“机动车注销证明”。

（2）购买汽车。李某到××市汽车下乡产品销售公司购买一辆“江铃”牌轻型货车，售价为 7.74 万元。

（3）申请补贴。李某按规定在公安交通管理部门办完“江铃”牌轻型货车登记注册手续后及时向所在地财政所申请车辆报废和购买汽车补贴资金，并提供以下材料及复印件：①机动车合格证；②机动车行驶证；③机动车销售发票；④报废回收企业出具的“报废汽车回收证明”和公安交通部门出具的“机动车注销证明”；⑤身份证、户口簿；⑥粮食直补“一折通”存折；⑦“汽车摩托车下乡补贴资金申报表”（见表 14－1）。李某承诺购买后两年内不出售。

（4）兑付补贴。财政所按照规定对申报材料进行审核，查验汽车摩托车下乡产品标识，审核无误后，确认补贴资金数额，并留存李某提供材料的复印件，建立汽车摩托车下乡产品及补贴资金档案，开具“汽车摩托车下乡补贴兑付通知书”，同意补助李某报废三轮汽车补贴 2 000 元和购买轻型货车补贴 5 000 元，共 7 000 元（2009 年补贴标准为每辆销售价格 5 万元及以下的补贴售价的 10%；每辆 5 万元以上的定额补贴 5 000 元。××省还规定，农民换购或新购本省生产的补贴类车型的除享受国家补贴外，再增加 3% 的补贴，5 万元以上的每辆增加定补 1 500 元）。财政所将补贴资金 7 000 元通过乡农村信用社拨到李某直接补贴“一折通”存折。

（5）清算资金。财政所及时编制“汽车、摩托车下乡补贴资金汇总表”连同“汽车摩托车下乡补贴申请表”于每月5日报送县财政局进行复核、备案。县财政局审核后根据各乡镇补贴资金兑现情况，及时将上级财政部门下拨的补贴资金拨付各乡镇财政补贴专户，并按进度预拨补贴资金。县财政局将汽车摩托车下乡产品补贴资金使用情况等审核汇总上报上级财政部门审核清算。

应用实例二

1. 了解政策。××省××区从2009年3月开始，以政府公告的形式在电视台滚动播出汽车摩托车下乡政策，还通过印发宣传单、书写固定标语、悬挂“过街红”、开展“下乡产品进农村”等多种形式对汽摩下乡政策进行广泛宣传，区内各定点商家也在电视台和本地日报上积极宣传。该区××镇中街村四组青年王某通过看电视了解到：从2009年3月1日至2010年12月31日，农民直接购买轻型载货车或将三轮汽车、低速货车报废并换购轻型载货车，按轻型载货车销售价格10%给予补贴，单价5万元以上的，每辆补贴5 000元。同时，对报废三轮汽车每辆补贴2 000元，报废低速货车每辆补贴3 000元，每户限购1辆。2009年2月1日至2013年1月31日，农民购买摩托车，按销售价格13%给予补贴，单价5 000元以上的，每辆补贴650元，每户限购2辆。

2. 购买产品。王某原本就计划买车跑客运发家致富，看到国家政策这么好，于是毫不犹豫地决定购买下乡汽车。他于2009年7月24日在杜邦汽贸公司以46 600元购买了型号为LZW6407B3、车架号LZWACAGA997120994的上海五菱汽车股份有限公司生产的微型客车一辆。

3. 申请补贴。王某按规定在公安交通管理部门办理了车辆登记注册手续后，于9月10日到户口所在镇财政所业务经办人员何某处申报补贴。何某热情地接待了他，并让他填写了“汽车摩托车下乡补贴资金申请表”。何某在审核其提供的购买产品的发票、随车附带的“中华人民共和国机动车整车出厂合格证”、公安交通管理部门出具的机动车行驶证或机动车登记证书、居民身份证和户口簿、粮食直补专用存折等原始资料后，将机动车注册登记信息、销售统一发票信息、车主基本信息等录入到“汽车摩托车下乡财政补贴信息系统”，系统对王某购买车辆情况进行自动检索，重点看是不是农村户口、购买的是否为补贴产品、型号、是否超过产品最高限价等。

4. 报送资料。在确认王某符合补贴条件后，财政所将该农户补贴信息填写“汽摩下乡财政补贴资金发放表”（包括购买人身份证、联系方式，户口本号，购买价，补贴资金，开户行，银行账号等）报送区财政局。

5. 财政核拨资金。区财政局将全区信息再次汇总后编制“汽车摩托车下乡财政补贴资金发放表”，于9月18日将所需补贴资金拨付区农村信用社。

6. 银行兑付资金。区农信社收到区财政局拨付资金和发放表后，统一将补贴资金通过“一卡通”发放到农户手中。于9月22日将补贴资金4 660元（46 600×10%）转存至农户王某的账户上。

应用实例三

1. 汽车下乡补贴政策。农民胡某、秦某是同村村民。胡某因从事水产交易，花6万元购置了一辆微型客车自用；秦某花了4.3万元，购买了一辆轻型载货车，从事货物运输。两人相约结伴到所在镇财政所办理车辆购置的财政补贴手续。财政所办理人员要求他们分别把车辆开到财政所来，首先查看了车身是否在明显部位贴有

“汽车下乡”图标，如没有标贴，则不能办理；如没有贴好，必须贴上。然后再根据车辆销售发票，检索所购车辆是否属于国家财政部公布的汽车下乡产品型号，胡某和秦某所购车辆经检索，都属享受补贴车辆。

财政所经办人员开始核查所需带材料，第一，看身份证和车辆行驶证原件及其复印件，两证上姓名必须相一致，以证实车辆及车主的身份；第二，查看车主的户口簿及复印件，没有户口簿的提交由公安派出所提供的户籍证明，以确认其为农户，方可享受财政补贴；第三，要求车主提供汽车合格证，原件在办理汽车行驶证时已提交公安交通管理部门，必须提供经公安交通警察部门加盖公章的复印件；第四，要求车主提供“一折通”银行存折及其复印件，以便将补贴款汇入车主的存折，使车主方便取款。胡某和秦某都能如实提供，经过审核无误后，财政所经办人员将原件退还给胡某和秦某，复印件留下存档，并依据上述材料填表录入电脑，将填写好的表格打印后，分别让胡某和秦某签名确认。

胡某对其财政补贴 5 000 元提出疑问，按购车发票上的车款的 10% 补贴，购车发票 6 万元应补贴为 6 000 元，经财政所办理人员解释，汽车补贴金额设立了上限，最高补贴 5 000 元，且每一农户只能享受 1 辆车的购车补贴。秦某对补贴其 4 300 元没有提出疑问。

2. 摩托车下乡补贴政策。2009 年 2 月份起，因摩托车下乡政策的实施，购买摩托车可以享受 13% 的财政资金补贴，农民唐某同时购买了 3 辆摩托车，夫妇俩和儿子，一家 3 口各自 1 辆，价格分别为 3 000 元、4 000 元和 6 000 元。三人取得驾驶证后，又办理了摩托车行驶证。一天，唐某骑了一辆摩托车到所在镇财政所办理摩托车购置的财政补贴手续。

财政所办理人员要求他把 3 辆摩托车全部开到财政所来，需要查看车身是否在明显部位贴有“摩托车下乡”图标，如没有标贴，则不能办理；如没有贴好，必须贴上，然后再根据每辆摩托车的销售发票，检索所购摩托车是否属于国家财政部公布的摩托车下乡产品型号。唐某所购摩托车经检索，都属享受补贴车辆。财政所经办人员开始核查所需带材料，第一，查看3人的身份证和车辆行驶证原件及其复印件，两证上姓名必须分别相一致；第二，查看车主的户口簿及复印件，没有户口簿的提交由公安派出所提供的户籍证明，以确认其为农户，方可享受财政补贴；第三，要求唐某提供摩托车的各辆车合格证或复印件，原件在办理汽车行驶证时已提交公安交通管理部门，经证实可免查；第四，要求唐某提供“一折通”银行存折及其复印件，以便将补贴款汇入他的存折，使其方便取款。唐某按要求如实提供。

财政所经办人员审核后告知唐某，摩托车下乡产品每户限购摩托车2辆，唐某所购3辆摩托车享受财政补贴的只能是其中2辆。征求唐某的意见，为更多得到补贴实惠，将其中3 000元购买的摩托车资料退回，并将另2辆摩托车资料原件退还给唐某，复印件留下存档，依据审核后的材料分别填表录入电脑，将填写好的表格打印后，让唐某签名确认。唐某对其4 000元所购摩托车给予13%财政补贴的520元，没有疑问，而对6 000元所购摩托车只予650元补贴，请教财政所办理人员作出解释。办理人员解释系因摩托车补贴金额设立了上限，最高按购摩托车款5 000元给予财政补贴，以13%补贴率计算，最高只能补贴650元。

唐某得到满意答复，财政所经办人员将唐某所购2辆摩托车的购车补贴1 170元，一并汇入唐某提供的农村信用社储蓄“一折通”存折中。

十五、新型农村合作医疗政策

（一）新型农村合作医疗制度建立的背景和原则

传统的农村合作医疗制度在我国建于20世纪50年代，60年代迅速发展，70年代达到高峰，全国农村行政村覆盖率曾一度达90%。80年代以后，随着计划经济体制、集体所有制和人民公社制度的解体，合作医疗制度也基本解体。90年代，政府要求恢复和重建合作医疗制度，到1996年底，全国开展合作医疗的行政村覆盖率上升到17.59%。为缓解广大农村居民看病难、看病贵问题，2002年10月，中共中央、国务院下发了《关于进一步加强农村卫生工作的决定》（中发［2002］13号），提出要建立以大病统筹为主的新型农村合作医疗（以下简称“新农合”）制度。2003年1月，国务院办公厅转发了《卫生部等部门关于建立新型农村合作医疗制度意见的通知》（国办发［2003］3号），正式启动新农合制度试点。

从2008年开始，新农合制度进入全面实施阶段，新农合实现全面覆盖。总的来看，参加新农合的农民医疗费用负担有所减轻，因病致贫、因病返贫的情况有所缓解；同时，农民的医疗卫生需求逐步释放出来，农民的健康意识和自我保健意识也开始增强。新农合已经成为中国政府在农村建立的第一个全面覆盖农村人口的社会保障制度，受到了广大农民的欢迎，有人称之为“农民得实惠，卫生得发展，政府得民心”的政府工作亮点。截至2009年9月底，全国参加新农合的农民达到8.33亿人。

新农合制度是由政府组织、引导、支持，农民自愿参加，个人、集体和政府多方筹资，以大病统筹为主的农民医疗互助共济制度。建立新农合制度遵循以下几个原则：

1. 自愿参加，多方筹资。农村居民均可以家庭为单位在户籍地自愿参加新农合，遵守相关规章制度，按时足额缴费；乡、村集体要给予资金支持；中央和地方各级财政每年要安排专项资金予以支持。

2. 以收定支，保障适度。新型农村合作医疗制度坚持以收定支，收支平衡的原则，既保证这项制度持续有效运行，又使农民能够享有最基本的医疗服务。

3. 先行试点，逐步推广。在试点基础上不断完善，逐步提高新农合的社会化程度和抗风险能力。

（二）新农合基金的筹集

新农合制度实行个人缴费、集体扶持和政府资助相结合的筹资模式。

1. 政府资助：新农合制度建立之初，各级财政对参合农民的补助标准为每人每年不低于20元。为提高农民参合积极性和保障水平，从2006年起各级财政对参合农民的补助标准提高到每人每年40元，从2008年起补助标准提高到每人每年80元，其中，中央财政对中西部地区参合农民按每人每年40元进行补助，并对东部省份按照一定比例给予补助。按照《国务院关于印发医药卫生体制改革近期重点实施方案（2009—2011年）的通知》（国发［2009］12号），从2010年起，各级财政对新农合的补助标准提高到每人每年120元。2003—2008年，各级财政共下达新型农村合作医疗补助资金1 197亿元，其中中央财政补助416亿元；2009年，中央财政下达新农合补助资金274.56亿元。

2. 个人缴费：最初，农民个人每年缴费标准不低于10元，随着各级财政对新农合补助标准的提高，农民个人的缴费水平也作了相应调整。目前，农民个人缴费标准提高到每人每年20元。根据国发［2009］12号文件精神，2010年起，适当提高个人缴费标准。根据《关于巩固和发展新型农村合作医疗制度的意见》（卫农卫发［2009］68号），从2010年起，农民个人缴费由每人每年20元增加到30元，困难地区可分两年到位。

3. 集体扶持：有条件的乡村集体经济组织对本地新农合制度给予适当扶持。扶持新农合的乡村集体经济类型、出资标准由县级人民政府确定，但集体出资部分不得向农民摊派。鼓励社会团体和个人资助新农合制度。

（三）新农合的补偿方式

新农合补偿主要包括起付线、封顶线、补偿比例和补偿范围等内容。实际操作中，各地根据合作医疗基金收支情况，合理确定起付线、封顶线、补偿比例和补偿范围，以及具体补偿病种、对象、标准和程序。对当年参加新农合但没有享受补偿的农民，可组织一次体检。为鼓励孕产妇住院分娩，地方根据实际情况，对参合孕产妇计划内住院分娩给予适当补偿。

（四）新农合的报销方式

农村居民在县（市）、乡镇、村定点医疗机构就诊，可先由定点医疗机构初审并垫付规定费用，然后由定点医疗机构定期到县（市）或乡（镇）新农合医疗经办机构核销。新农合经办机构及时审核支付定点医疗机构的垫付资金，保证定点医疗机构的正常运转。农民经批准到县（市）级以上医疗机构就医，可先自行垫付有关费用，再由本县（市）新农合经办机构按相关规定及时审核报销。

（五）新农合基金管理

2008年，财政部会同卫生部研究制定了新农合基金财务会计制度，明确规定将新农合基金纳入社会保障基金财政专户，实行收支两条线管理。各级财政安排的新农合补助资金，采取国库集中支付办法归集到统筹地区财政专户。在这一管理体制下，统筹地区经办机构征收的农民个人缴费、集体扶持缴费直接缴入或通过收入户（该账户除向财政专户缴存基金外只收不支）转缴入财政专户，然后由财政部门根据批准后的支出计划，按月拨入经办机构的支出户（该账户除接收财政专户拨款外只支不收），专项用于基金各项支出。

应用实例一

村民赵某，家庭成员 5 人，全家参加了 2009 年度新型农村合作医疗。

具体办理流程如图 15－1 所示。

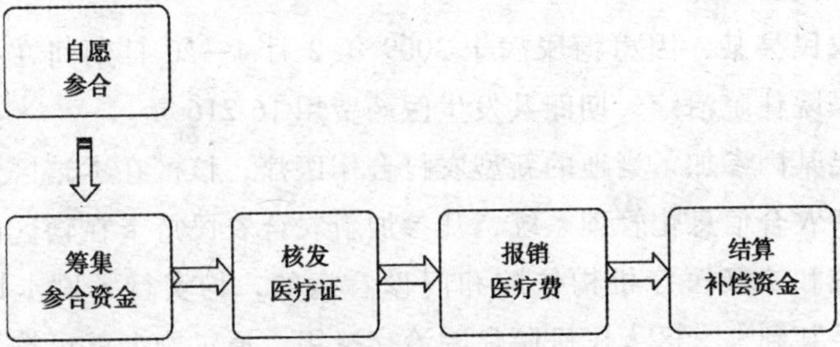

图 15－1

1. 自愿参合。赵某根据户口簿、身份证等资料，填写“新型农村合作医疗注册登记表”并交照片 2 张，缴纳全家 5 口人的参保费 100 元（根据政策，农民参加 2009 年度新农合每人缴费 20 元，财政补助 80 元）。

2. 筹集参合资金。村委会向赵某等参合群众收取参合款，并代乡财政所以户为单位开具“新农合专用收款收据”后，上报乡财政所。乡财政所将各村委会筹集的参合资金汇总后上缴县财政局新农合财政专户。

3. 核发医疗证。乡卫生院根据“新型农村合作医疗注册登记表”录入参合信息后，上报县新农合管理办公室审核；经审核无误后，向赵某等参合农民核发“新型农村合作医疗证”。

4. 报销医疗费。2009 年 10 月，赵某因病在县医院（该县新农合定点医院）住院 15 天，共花费 2 300 元。根据该市政策，赵某在县医院可报销（2 300 - 300）×55% =1 100 元（起付点为 300 元，报销比例为 55%，根据该市资金使用情况，各县可上下浮动 5%），此款由县医院先行垫付。

5. 结算补偿资金。县财政局对县农合办提供的新农合医疗费用补偿报销清单汇总表进行审核后，将补偿资金拨付到县农合办新农合基金支出专户，由县农合办与县医院定期进行补偿资金结算。

应用实例二

农民吴某，因患糖尿病于 2009 年 2 月 4—20 日期间在××区人民医院住院治疗，期间共发生医药费用 16 216 元。

吴某因参加了当地的新型农村合作医疗，该区在本辖区内全部实行新农合信息化管理系统，凡参加新农合农民持卡在辖区内所有卫生院和二级医疗机构住院和门诊看病的，均实行了刷卡即看即报。吴某到××区人民医院住院治疗费用，通过刷卡就可按照该区制定的新农合报销规定执行报销。吴某住院期间共发生医药费用 16 216元，经新农合管理系统自动审核，其可报销金额为 15 586. 7 元，按各级医疗机构可报销费用设置的起付线：镇级医疗机构（一级）100 元，区级医疗机构（二级）400 元，市级以上医疗机构（三级）600 元。区人民医院为二级医疗机构，起付线为 400 元，吴某医疗费报销起付线以上金额则为 15 186. 7 元。为鼓励参加新农合人员就近治疗常见病、多发病，对可报销住院医疗医药费累计 10 000元以内的，分级按比例给予补偿：镇级定点医疗机构比例为 65%，区（县）级定点医疗机构比例为 55%，市级以上转诊医院比例为 45%。其中对区（县）级以上定点医疗机构费用段在10 001 ~ 30 000元（含）的按照 65%、30 001 元以上的按 75% 的比例报销。

吴某按可报销金额 15 186.7 元计算，其在区（县）级定点医疗机构治疗的 10 000 元之内，按照 55% 报销，可以补偿 5 500 元，另 5 186.7 元，按照对区（县）级以上定点医疗机构费用段在 10 001～30 000 元（含）的 65% 比例报销，可以补偿 3 371.4 元，合计补偿 8 871.4 元（见表 15－1）。

表 15－1 单位：元

医药费用总额	经审核可报销金额	起付线	起付线以上金额	费用分段	各段内金额	各段比例（%）	实际补偿金额
16 216	15 586.7	400	15 186.7	10 000 元以下	10 000	55	5 500
				10 001～30 000 元（含）	5 186.7	65	3 371.4
				小计	15 186.7		8 871.4

应用实例三

村民毛某因肾功能衰竭，于 2007 年进行肾移植手术，术后至今一直在××军区总院门诊治疗服用抗排斥药物。2009 年 1—9 月该患者已累计发生医药费用 123 857.5 元。按照相关规定，患者毛某到辖区外三级定点医疗机构治疗，需办理转诊手续，毛某即到所在县二级定点医疗机构办理了转诊手续。为提高参加新农合农民的医疗保障，对特殊病种的补偿如肾功能不全血透费，肿瘤门诊放疗费、化疗的药费，器官移植的门诊抗排斥药费、慢性肝炎和慢性肾炎的药费，按照住院及大病统筹有关规定给予补偿。毛某为参加新农合对象，其又在规定时间内持二级以上（含二级）定点医疗机构的正规确诊证明原件、病历和治疗方案原件，到所在街道（镇）合作医疗管理办公室登记，并填写“新型合作医疗特殊病种补偿申请登记表”，经区新农合管理办公室审核同意后，按照特殊病种补偿范围得到了医药费用报销。

经审核该患者的门诊抗排斥治疗属特殊病种补偿范围，按照市级以上转诊医院住院补偿比例补偿。患者凭合作医疗卡、出院小结、正规收费收据、费用清单和转诊证明到街道（镇）合管办按季度予以结算报销。2009 年前三季度该患者已累计发生医药费用 123 857.5元，共获补偿 86 543.2 元。具体补偿计算如下：

一季度医药费用总额为 43 808.8 元，经审核可报销金额为 43 298.8元，在三级医疗机构扣除起付线 600 元，可报销金额为 42 698.8元，在 10 000 元之内按照 45% 报销可以补偿 4 500 元，10 001 ~30 000 元（含）按照 65% 报销，2 万元可以补偿 1.3 万元，30 001 元以上的按 75% 的比例报销，12 698.8 元可补偿 9 524.1元，合计补偿 27 024.1。

第二、三季度按照超过 3 万元的标准，按 75% 的比例报销，分别补偿 22 216 元和 38 203.05 元，总共补偿 87 443.15 元（见表 15 -2）。

表 15 -2 单位：元

费用发生时间段	医药费用总额	经审核可报销金额	起付线	起付线以上金额	费用分段	各段内金额	各段比例(%)	实际补偿金额
第一季度	43 808.8	43 298.8	600	42 698.8	10 000 元以下	10 000	45	4 500
					10 001 ~30 000 元（含）	20 000	65	13 000

续表

费用发生时间段	医药费用总额	经审核可报销金额	起付线	起付线以上金额	费用分段	各段内金额	各段比例（%）	实际补偿金额
第一季度	43 808. 8	43 298. 8	600	42 698. 8	30 001 元以上	12 698. 8	75	9 524. 1
					小计	42 698. 8		27 024. 1
第二季度	29 621. 3	29 621. 3		29 621. 3	30 001 元以上	29 621. 3	75	22 216
第三季度	50 937. 4	50 937. 4		50 937. 4	30 001 元以上	50 937. 4	75	38 203. 05
合计	124 367. 5	123 857. 5		123 257. 5		123 257. 5		87 443. 15

而该区规定参加新农合农民住院及大病统筹补偿每人每年度内最高补偿限额为9万元，超过9万元的部分就不予补偿。患者毛某总医疗经结算报销总额没有超过9万元上限，可得到87 443.15元的医疗补偿。

应用实例四

1. 村民蒋某的爱人王某，因腰椎骨质增生症于2009年10月30日至11月3日在镇卫生院住院。其报账过程如下：

（1）报账人向镇卫生院新农合报账窗口工作人员提交的住院报账材料：①户主为蒋某的户口簿；②合作医疗证；③当年参加新型农村合作医疗的缴费发票；④王某患腰椎骨质增生症的疾病诊断书；⑤经镇新农合办审核同意的住院通知书1份、在镇卫生院的住院发票1张，发票总金额为405.4元；长期医嘱单和临时医嘱单各1份汇总金额为405.4元（由于镇卫生院的条件有限，在此以长期医嘱单和临时医嘱单代替住院费用清单）。

（2）镇卫生院新农合报账窗口对王某的住院报账材料进行审核和办理付款手续。审核情况如下：住院医药发票总金额为405.4元，其中：药品总费用为255.4元，全部为目录内用药费用，自费药品费用为零；医疗费用为150元，其中：医疗自费为150元，起付线为50元，自付费用共计200元；报账基数为205.4元，报销比例为80%，实报金额为164元。

2. 村民廖某因结肠癌于2009年6月10—27日在市人民医院住院。其报账过程如下：

（1）向县合管办报账室工作人员提交以下有关廖某的住院报账材料：①户口簿；②合作医疗证；③当年参加新型农村合作医疗的缴费发票；④患结肠癌的诊断证明书；⑤出院通知书、在市人民医院的住院发票1张，发票总金额为17 423元、住院费用汇总清单共3张，汇总金额为17 423元。

（2）县合管办报账室对廖某的住院报账材料进行审核和办理付款手续。审核情况如下：住院医药发票总金额为 17 423 元，其中：药品总费用为 5 188 元，其中：目录内用药费用 5 188 元，自费药品费用为零；医疗自费为 1 017 元；起付线为 200 元，自付费用共计 1 217 元；报账基数为 16 206 元，报销比例为 40%，实报金额为 6 482 元。

应用实例五

1. 2009 年，村民黄某因阑尾炎在镇卫生院住院。出院后，他带上身份证、参合证、住院病历、疾病证明书、住院费用清单等到镇合管办报销。合管办的工作人员热情地接待了他，并叫他耐心等一下。半个小时后，工作人员通知他过来签名领取报销款，他看到报销单上写着医疗费用 2 797. 8 元，实际补偿额为 2 041元，他都不敢相信自己的眼睛，还以为是工作人员填错了。“怎么能报销那么多，是不是你们写错了？”“你是在卫生院住院，报销比例是 80%，而且没有什么自费药，所以能报销的就多”。听完工作人员的解释，他兴奋地说：“这 20 元真是交得值，明年继续交”。

2. 村民林某因消化道出血，于 2009 年 8 月 11—19 日在市红十字会医院住院治疗，共花去医药费 7 465. 3 元。9 月 25 日，他带上身份证、参合证、住院病历、疾病证明书、住院费用清单、农村信用社存折到乡合管办报销。合管办的工作人员很热情地接待他，并告知他由于他的费用已超过 6 000 元，要由乡合管办的工作人员送到城区合管中心去审核，10 个工作日内合管办会通知他来乡合管办来领取报销款。

10 月 12 日他接到乡合管办的电话通知，要他到乡合管办领取医药费报销款，报销单上写着实际补偿额为 3 307. 15 元。

十六、农村最低生活保障政策

（一）农村低保建立的背景和原则

为保障因病、因残、缺乏劳动能力以及生存条件恶劣等原因导致温饱问题尚未得到较好解决的农村贫困人口的基本生活，十六大以来，党中央、国务院在坚持扶贫开发的同时，先后制定实施了多项针对农村特困群众的救助措施。从2002年11月，党的十六大提出有条件的地区探索建立农村低保制度。到2006年12月，《中共中央 国务院关于积极发展现代农业扎实推进社会主义新农村建设的若干意见》（中发［2007］1号）明确提出，在全国范围建立农村低保制度，各地应根据当地经济发展水平和财力状况，确定低保对象范围、标准，鼓励已建立制度的地区完善制度，支持未建立制度的地区建立制度，中央财政对财政困难地区给予适当补助。2007年7月，《国务院关于在全国建立农村最低生活保障制度的通知》（国发［2007］19号）规定，从2007年起在全国建立农村最低生活保障制度。短短几年时间，农村低保从无到有，从积极探索到全面实施，对于促进社会公平、构建和谐社会具有重大而深远的意义。

农村低保主要原则和要求有以下几个方面：一是建立农村低保制度实行地方人民政府负责制，按属地进行管理；二是各地从当地农村经济社会发展水平和财力状况的实际出发，合理确定保障标准和对象范围；三是要做到制度完善、程序明确、操作规范、方法简便，保证公开、公平、公正；四是实行动态管理，做到保障对象有进有出，补助水平有升有降；五是与扶贫开发、促进就业以及其他农村社会保障政策、生活性补助措施相衔接，坚持政府救济与家庭赡养扶养、社会互助、个人自立相结合，鼓励和支持有劳动能力的贫困人口生产自救，脱贫致富。

（二）农村低保的资金来源

农村低保资金主要以财政投入为主，地方各级政府要将其列入财政预算，省级财政要加大投入。中央财政对财政困难地区给予适当补助。地方政府及其相关部门要统筹考虑农村各项社会救助制度，合理安排农村低保资金。同时，鼓励和引导社会力量为农村低保提供捐赠和资助。此规定体现了农村低保制度实行地方政府负责制的原则，强调了各级财政多渠道筹集农村低保资金的责任。需要注意的是，各地在安排农村低保资金时，要统筹考虑农村各项社会救助制度、生活性补助等政策衔接，以及支出结构的优化整合，努力提高资金使用效益和政策实施效果。目前各地均已建立起了以财政投入为主的资金筹集渠道，充分体现了公共财政的要求。另外，各地普遍实行了农村低保资金专项管理、专账核算、专款专用，以确保资金使用的安全性、规范性。2007—2009 年，中央财政共下达农村低保补助资金 379.22 亿元（含 2009 年年初一次性生活补贴）。

（三）农村低保的保障对象

农村低保对象是家庭年人均纯收入低于当地低保标准的农村居民，主要是因病残、年老体弱、丧失劳动能力以及生存条件恶劣等原因造成生活常年困难的农村居民。此规定将农村低保定位于保障农村最困难的群众，主要考虑了我国农村经济社会发展现状、社会保障和扶贫政策衔接，以及农村低保制度健康有序发展的长远需要。

（四）农村低保的保障标准

国发［2007］19 号文件提出农村低保标准由县级以上地方人民政府按照能够维持当地农村居民全年基本生活所必需的吃饭、穿衣、用水、用电等费用确定，并报上一级地方人民政府备案后公布执行。农村低保标准要随着当地生活必需品价格变化和人民生活水平提高适时进行调整。目前，农村低保的全国平均标准为98元/人·月，全国平均补差水平为58元/人·月。

（五）农村低保的申请程序和支付方式

一般由户主向乡（镇）政府或者村民委员会提出申请；村民委员会开展调查、组织民主评议提出初步意见，经乡（镇）政府审核，由县级政府民政部门审批。乡（镇）政府和县级政府民政部门要核查申请人的家庭收入，了解其家庭财产、劳动力状况和实际生活水平，结合村民民主评议意见，提出审核、审批意见。为保证低保对象审批的公平、公正，村民委员会、乡（镇）政府以及县级政府民政部门要将低保对象申请情况、村民民主评议意见、审核和审批意见、实际补助水平等情况及时向社会公示，接受群众监督。

申请人家庭按国家规定所获得的优待抚恤金、计划生育奖励与扶助金以及教育、见义勇为等方面的奖励性补助，一般不计入家庭收入，具体核算办法由地方人民政府确定。这样规定，主要考虑了由于国家褒扬、计划生育、教育等奖励政策与农村低保制度性质不同，不将其计入家庭收入，可以避免因低保政策而削弱褒扬、奖励等政策的实际效果，目前多数省份也是这样操作的，比较可行。

按照规范的低保制度设计，低保金要按照申请人家庭年人均纯收入与保障标准的差额发放，但国发19号文件也提出可以在核查申请人家庭收入的基础上，按照其家庭的困难程度和类别，分档发放。这主要考虑农村生产经营活动复杂多样，家庭收入不易核查，保障对象又主要是缺乏劳动能力的特困群众，采取分档发放形式，更适合农村特点，也较为简便易行。同时，为减少资金发放环节，杜绝挪用、冒领低保金，文件还要求各地要加快推行国库集中支付方式，通过代理金融机构直接、及时将低保金支付到保障对象账户。各地可依托“金保工程”、“金财工程”等信息管理平台，实现信息资源的整合和共享，完善“信息流”和“资金流”管理，推行低保资金社会化发放，已实行涉农资金“一卡（折）通”的地方，应将低保金纳入“一卡（折）通”，统一发放。

（六）农村低保对象的动态管理

按照“保障对象有进有出，补助水平有升有降”的动态管理原则，乡（镇）政府和县民政部门要采取多种形式，定期或不定期地调查了解农村困难群众的生活状况，及时将符合条件的困难群众纳入保障范围；并根据其家庭经济状况的变化，及时按程序办理停发、减发或增发低保金的手续。保障对象和补助水平变动情况要及时向社会公示。

应用实例一

村民张某，家庭成员 2 人，因经济条件困难，申请农村低保救助。

申请低保操作流程如图 16－1 所示。

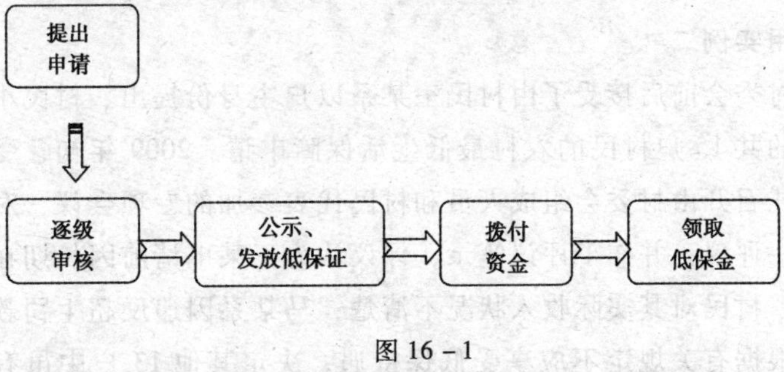

图 16－1

1. 提出申请。2009 年，张某向其所在村村委会提出书面申请，并提交其家庭成员身份证、户口簿等复印件（如果属病残等原因的，需提供住院费清单及病历复印件、残疾证明等材料）。

2. 逐级审核。村委会对张某家庭成员、家庭收入等有关情况进行入户调查，审核通过后在村组政务公开栏公示 7 天，上报乡民政所。乡民政所审核后，再次在村组政务公开栏公示 7 天，上报县民政局。县民政局对所辖乡镇民政所确认的分类拟保家庭进行入户调查，入户调查率不低于 40%，对符合条件的拟保家庭进行审批。

3. 公示、发放低保证。县民政局将审批的低保家庭在村组政务公开栏进行公示，时间不少于 7 天。公示无异议后，向张某发放农村低保证。

4. 拨付资金。县财政局每季度初根据县民政局上报的低保资金用款计划，对享受人数和标准进行审核后，将农村低保补助资金直接拨付到县民政局在指定银行开设的农村低保资金专户。

5. 领取低保金。指定银行依据县民政局提供的享受农村低保人员名单、资金转账凭证等直接将低保补助资金打入为张某等低保户开设的银行存折中。张某每季度初可凭本人身份证和银行存折到指定银行领取低保金 300 元（各地根据资金情况，补助标准不同）。

应用实例二

某村委会前后接受了由村民王某系以户主身份提出、村民小组长提议的共 15 户村民的农村最低生活保障申请。2009 年初，受镇政府委托召开由村委会组成人员和村民代表参加的专项会议，对申请人逐一评议，并作了评议笔录，评议认为王某申请前因长期在外地谋生，村民对其实际收入状况不清楚；马某系因违反超生罚款而致贫，根据有关规定不应享受低保待遇，决定其他 13 户中虽有部分户有所争议，但通过过半数表决，村委会决定同意上报镇政府审核。

村委会按照要求填写好13户上报表，并根据申报要求复印了13户的相关材料附后，报送镇政府审核，同时在村头张榜公示，公示7天内，有人向镇政府负责审核工作的民政办公室举报冯某和刘某享有低保不当，并提出了理由。镇政府民政办接到举报后，即安排工作人员下村调查，通过入户了解情况，并走访左邻右舍，摸到了实情，冯某虽因病治疗花费不小，但通过新型合作医疗，得到了相应救助，其子大学毕业工作后，工资不菲，对家庭有所资助。刘某在外打工期间受伤，虽已得到了相应赔偿，现失去了劳动能力，家庭人口5人，父母年老，一子读书，妻子种田为家庭主要收入外，并无其他明显收入来源。走访过程中，听到不少群众反映，其中有一户姓夏的，虽不在被举报人中，却是村里的“斜头”，从来不参加村委会安排的公益性服务劳动，还长年拒缴各种村提留和上缴款，村干部怕他闹事，村民代表又不敢惹他。工作人员将调查情况汇报镇民政办领导后，审核决定取消冯某和夏某的低保待遇；根据规定，刘某受伤赔偿金不列入家庭收入计算，暂时保留低保待遇。

镇政府将审核结果反馈到各村民委员会，由村再行张榜公示，并公布了举报方式和联系方式，还通过信函告知了被取消低保待遇的冯某和夏某等户主，分别说明原由和政策依据，公示一周后，没有接到新的异议，镇政府签署意见，将全部材料上报市民政部门核定，民政部门将低保享受户名单传送财政部门，通过财政部门在农村信用社为农户设立的“一折通”存折，按期分季发放到11户农民手中。

应用实例三

村民王六今年65岁，老伴已去世多年，有3个儿子1个女儿，现在和二儿子共同生活。二儿子上个月意外去世，留有3个孩子，大的读中专，两个小的读初中、小学。家有2.5亩地，只有二儿媳妇一个劳动力。王六的另两个儿子都是在家务农，收入并不高，孙子们都在读书，无力赡养老人。女儿嫁到外地，生活也不是很好，所以王六的其他法定赡养人没有能力赡养。现在王六老汉想申请农村低保。申报办理的程序如下：

1. 申请。王六首先到当地村委会领取农村低保审批表（见表16-1），如实填写审批表，并提交一份书面申请，书面申请上写明家庭人口、收入、造成生活困难原因等。另提交共同生活家庭成员的户籍证、身份证、收入证明等证明材料。把上述材料交到户籍所在地村委会申报。

2. 受理。村委会经对王六提交的材料进行初步审核，认为王六家庭人均年收入650元，低于当地农村低保每年每人1 196元标准，并属于本机构管理范围，材料齐全，给予受理。

3. 核查。村委会对王六家庭采用入户调查、邻里访问、信函索证等方式进行调查核实，并在村民代表评议会上讨论通过，基本与王六提供的情况相一致，认为该家庭生活确实存在困难，低于本县农村低保标准，没有异议，张榜公示申请人有关情况，公示期为5日。公示期满无异议的，村委会在审批表上填写意见，上报镇人民政府复核。

4. 复核。镇人民政府对王六申请材料进行复核和初审，同意村委会意见，上报县民政局。

5. 审批。县民政局对申请材料审查，考虑到王六虽然还有子女，但不共同生活并且没有能力赡养，认为王六家庭人均收入低于当地农村低保标准。按2009年11月的农村低保补助标准，县民政局在王六的审批表上填写如下意见：同意该家庭纳入农村低保范围，每月发放低保金50×4=200元，从审批当月起领取，半年为限。

6. 发放。县民政局把审批结果转给村委会，村委会对审批结果进行公示7天，公示期满无异议。王六向县民政局提供在农村信用社开设的账号，县民政局每月委托农村信用社向王六拨付低保金，由王六到当地信用社柜台直接领取。

表 16 – 1　某城区农村最低生活保障待遇申请、审批表

镇人民政府：

我家住　　乡镇　　村　　屯（村民小组），家庭人口　人，家庭年人均纯收入低于当地农村居民最低生活保障标准，生活十分困难。按照我区农村居民最低生活保障制度的有关规定，申请享受农村居民最低生活保障。

一、家庭基本情况

<table>
<tr><td>户主姓名</td><td colspan="2"></td><td>性别</td><td></td><td colspan="2">年龄</td><td></td><td colspan="2">身份证号码</td><td></td></tr>
<tr><td>婚姻状况</td><td colspan="2"></td><td>家庭人口</td><td></td><td colspan="2">劳力（人）</td><td></td><td colspan="2">邮政编码</td><td></td></tr>
<tr><td>户主月收入</td><td colspan="2"></td><td>家庭月总收入</td><td></td><td colspan="2">人均月收入</td><td></td><td colspan="2">家庭月申请救济金额</td><td></td></tr>
<tr><td rowspan="6">家庭成员情况</td><td>姓名</td><td>性别</td><td>年龄</td><td>与户主关系</td><td>身体状况</td><td>婚姻状况</td><td>兵役状况</td><td>文化程度</td><td>就业状况</td><td>月收入</td></tr>
<tr><td></td><td></td><td></td><td></td><td></td><td></td><td></td><td></td><td></td><td></td></tr>
<tr><td></td><td></td><td></td><td></td><td></td><td></td><td></td><td></td><td></td><td></td></tr>
<tr><td></td><td></td><td></td><td></td><td></td><td></td><td></td><td></td><td></td><td></td></tr>
<tr><td></td><td></td><td></td><td></td><td></td><td></td><td></td><td></td><td></td><td></td></tr>
<tr><td></td><td></td><td></td><td></td><td></td><td></td><td></td><td></td><td></td><td></td></tr>
</table>

家庭致贫主要原因					
因病	因残	年老体弱	生存条件恶劣	无劳动能力或劳动能力低下	其他

二、申请理由

<table>
<tr><td colspan="3">本人承诺：以上填写内容及相关证明属实，没有隐瞒、欺骗、重报等违规行为，如有不实，愿意接受有关部门批评、处罚直到追究刑事责任。

申请人：
申请时间：　　年　月　日</td></tr>
<tr><td>入户调查情况</td><td colspan="2">调查人签名：　　　调查日期：　　年　月　日</td></tr>
<tr><td>公示情况</td><td colspan="2">公示日期：　　　年　月　日至　　年　月　日</td></tr>
<tr><td>村委会审查意见</td><td>镇政府审核意见</td><td>区民政局审批意见</td></tr>
<tr><td>经调查，拟从　　年　月至　　年　月　日给予该户月人均补助　　元；月户补助　　元。

审查人：

年　月　日</td><td>经核查，建议从　　年　月至　　年　月　日给予该户月人均补助　　元；月户补助　　元。

审核人：

年　月　日</td><td>经审核，同意从　　年　月至　　年　月　日给予该户月人均补助　　元；月户补助　　元。

审批人：

年　月　日</td></tr>
</table>

农村最低生活保障申请流程如图 16－2 所示。

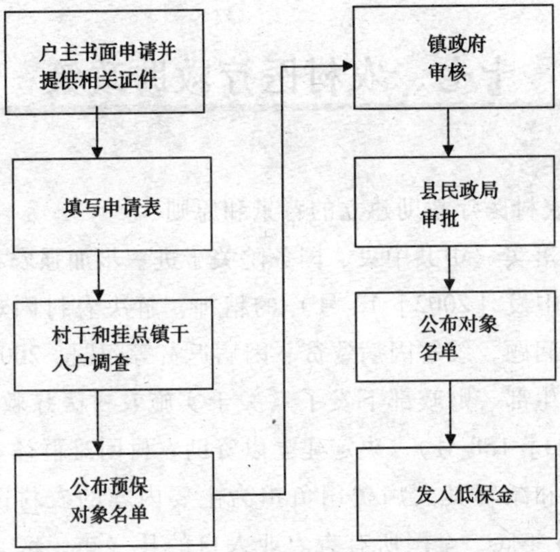

图 16－2　农村居民最低生活保障审批程序示意图

应用实例四

村民陆大爷 80 多岁，一家四口人，其中一个儿子精神残疾，儿媳在家帮忙干点农活，维持家用；另外一个儿子外出打散工。他自已年老、多病，因为没有劳动能力，基本没有收入来源。村里文书在入户调查时发现，陆大爷家里一件像样的家具都没有，家庭确实困难，就为其申请低保。文书帮助填报材料，经张榜公示后无群众异议，上报乡镇民政办、所管辖的民政部门。根据农村低保有关政策，凡持有本城区农业常住户口，共同生活的家庭成员年人均纯收入低于 1 000 元的村民，可以申请农村低保。据估陆大爷家庭年纯收入 2 000 元，人均 500 元，低于农村低保年人均纯收入 1 000 元的标准，符合申请农村低保的条件，因此于 2008 年将其纳入农村最低生活保障后，每年补差 2 000 元，每季度能得到 500 元低保金，已能保证其日常生活所需。

十七、农村医疗救助政策

（一）农村医疗救助建立的背景和原则

为贯彻落实《中共中央、国务院关于进一步加强农村卫生工作的决定》（中发［2002］13号）的精神，解决农村困难群众看病难、看病贵问题，缓解因病致贫、因病返贫等问题，2003年11月，民政部、卫生部、财政部下发了《关于实施农村医疗救助的意见》（民发［2003］158号），决定建立以资助农村困难群体参加新型农村合作医疗和减轻其大病费用负担为主要内容的农村医疗救助制度。到2006年底，全国所有有农业人口的县（市、区）都已基本建立了这项制度。各地把开展农村医疗救助工作作为构建和谐社会的一项重要工作来抓，因地制宜，勇于创新，多渠道筹集资金，积极稳妥地推进制度建设，一定程度上缓解了农村贫困群众医疗困难。

农村医疗救助制度是政府拨款和社会各界自愿捐助等多渠道筹资，对患大病农村五保户和贫困农民家庭实行医疗救助的制度。建立农村医疗救助制度，要从当地实际出发，医疗救助水平要与当地经济社会发展水平和财政支付能力相适应，确保制度平稳运行。

（二）农村医疗救助的资金来源

农村医疗救助资金来源包括财政拨款以及彩票公益金、社会捐助等，其中，财政拨款和彩票公益金是农村医疗救助的主要资金来源。据统计，2003—2009年，中央财政共安排农村医疗救助资金66.6亿元，有力推动了农村医疗救助工作的开展。

（三）农村医疗的救助对象

农村医疗救助对象主要是农村贫困人群，包括农村低保家庭成员、五保户、其他经济困难家庭人员等。具体救助对象的界定标准由地方民政部门会同财政等有关部门，根据本地经济条件和医疗救助基金筹集情况、困难群众的支付能力以及基本医疗需求等因素制定，并报同级人民政府批准。

（四）农村医疗的救助方式

农村医疗救助主要有两种方式：一是资助农村困难群众参加新型农村合作医疗制度；二是通过预付、垫付等办法帮助解决经新型农村合作医疗报销后个人负担仍然较重的部分。

（五）农村医疗的救助标准

由各地根据当地实际情况，在对患病人数、患病比例、医疗需求等进行调查研究的基础上按照资金总量来确定。对于特殊困难人员，可适当提高医疗救助水平。

（六）农村医疗救助的申请程序与支付方式

一般需要经过个人申请、村委会评议、乡镇审核和县级民政局审批等程序。医疗救助金一般由申请人到县民政部门或乡镇直接领取，不少地方委托银行或邮局发放，还有些地方正在探索民政部门直接与医疗服务机构结算的办法。

应用实例一

村民王某是一名农村低保救助对象，因重大疾病在县医院住院花费医疗费用 5 万元（扣除不予补偿部分后），享受新农合报销后个人自付部分申请农村医疗救助。

农村医疗救助操作流程如图 17 – 1 所示。

1. 制定救助标准。××市人民政府《关于进一步完善城乡困难群众医疗救助制度的意见》（×政［2008］120 号）文件规定，该市的救助标准是：受助人在新型农村合作医疗定点医疗机构住

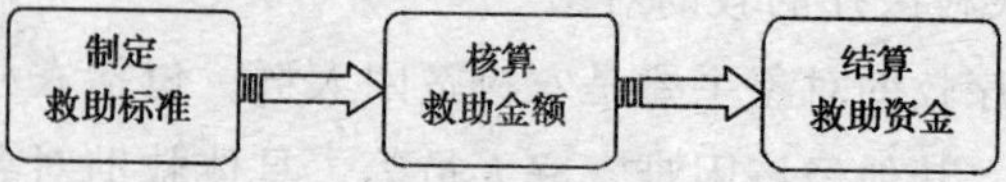

图 17－1

院，总费用在 1 000 元以内，个人自付部分实行全额救助；1 001 元以上部分，自付部分救助 20%，但年最高救助总额不超过 5 000 元。对农村医疗救助对象之外因患大病住院造成家庭生活特别困难的其他群众，在不超过大病救助标准上限 80% 的前提下，视情况给予临时救助。根据该县 2009 年新农合补偿方案规定：在县医院住院，起付标准为 300 元，扣除不予补偿部分后按 60% 补偿。

2. 核算救助金额。王某凭此次住院医疗费用及新农合报销清单，在县医院同一窗口，通过民政医疗救助综合信息管理平台进行报销。根据该县新农合补偿及农村医疗救助政策，在 1 000 元以下部分，新农合应补偿 420 元 [（1 000－300）×60%＝420 元]，个人自付部分 580 元实行全额救助，应救助 580 元；1 001 元以上部分，自付部分救助 20%，但年最高救助总额不超过 5 000 元。新农合应补偿 29 400 元 [（50 000－1 000）×60%＝29 400 元]，医疗救助部分应救助3 920元 [（50 000－1 000－29 400）×20%＝3 920 元]。王某在县医院住院花费医疗费用 5 万元（扣除不予补偿部分后），共可报销 34 320 元，其中：实际享受新农合补偿金额 29 820 元（29 400＋420＝29 820），享受医疗救助金额 4 500 元（3 920＋580＝4 500 元）。

3. 结算救助资金。王某享受的医疗救助资金，在与县医院进行医疗费用结算时，由县医院先行垫付。县财政局依据县民政局提供的定点医院救助资金结算汇总单进行审核后，将救助资金拨付到县民政局，由县民政局与县医院等各定点医院进行结算。

应用实例二

永定村农民田某系农村低保对象，因患结肠癌，于 2009 年 7 月 13—30 日住院手术治疗，期间共发生医疗费用43 060元，其中属于新型农村合作医疗用药和医疗服务目录范围内的为 38 668 元。田某由当地政府出资参加了新农合，通过新农合报销了 15 854元。

按照 2008 年修订后的《××市城乡困难居民医疗救助暂行办法》规定，田某是农村低保对象，患的结肠癌，属于一类疾病，虽经新农合报销了 15 854 元后，余下的医疗费用 22 814 元，仍可获得医疗救助，按照个人实际负担的 50% 给予救助的程序，办理医疗救助，因《××市城乡困难居民医疗救助暂行办法》规定，救助对象本年度医疗救助金累计不超过 8 000 元，故田某只能得到最高 8 000元的医疗救助金。

这样，田某实际医疗费用 43 060 元，经新农合报销 15 854 元，又经城乡困难居民医疗救助报销 8 000 元，其个人实际负担只有 19 206元（43 060 - 15 854 - 8 000），不足总费用的 45%。

应用实例三

1. 大病患者韩某，女，54 岁，该农户 2008 年 10 月查出患有肺癌和卵巢癌，从 2008 年 10 月 13 日至 2009 年 3 月 25 日前后 5 次到县医院治疗，前后花费 39 819 元治疗费用。因家庭贫困（属低保户家庭），2009 年 3 月申请城乡居民医疗救助。按照规定程序填写了《农村（城市）医疗救助金申请审批表》，并按要求上报了住院治疗档案材料，经村、镇、县政府及民政部门逐级审核，符合救助政策，同意给予医疗救助 5 000 元。韩某本人于 2009 年 7 月 22 日得到了民政部门给予的 5 000 元医疗救助款。

2. 农村低保户张某，女，48 岁，患肺癌，2009 年 5 月 8 日至

6 月 23 日在市第一医院住院治疗，医疗费用总额 41 923. 23 元，在新农合报销 14 117. 70 元，个人支付 27 805. 53 元。根据农村医疗救助相关政策：对象患病在扣除享受新农合医疗补偿、社会互助、帮困救助、单位资助各种商业保险赔付金等费用之后，凭定点医疗机构有效发票，按不同定点医疗机构确定不同救助比例（不含五保户）：省、市医院为 40% 给予救助，全年每人累计救助原则上不超过 3 000 元。因此，张某得到了最高 3 000 元的农村医疗救助金。

3. 农村低保户李某，男，50 岁，患肠胃炎，2009 年 7 月 6 日至 8 月 20 日在市第六人民医院门诊看病治疗，医疗费用总额 4 723. 23元，在新农合报销 1 658. 97 元，个人支付 3 064. 56 元，门诊医疗救助：对象患病在定点医院门诊的治疗，凭定点医疗机构有效发票按 60% 给予救助，全年累计救助不超过 300 元，故李某获得医疗救助 300 元。

4. 农村五保户王某，男，65 岁，患胃癌，2009 年 2 月 2 日至 7 月 25 日在医院住院治疗，医疗费用总额 28 580. 59 元，在新农合报销 11 490. 88 元，个人支付 17 089. 71 元，住院医疗救助：五保户对象患病住院的治疗费用按 80% 给予救助，全年每人累计救助原则上不超过 5 000 元，故王某获得医疗救助 5 000 元。

十八、新型农村社会养老保险政策

（一）新型农村社会养老保险建立的背景和原则

我国从 1986 年开始探索农村养老保险。1991 年，民政部制定了《县级农村社会养老保险基本方案》，推行农村社会养老保险试点并逐步在全国推广开来。但是，当时绝大多数试点不具有明显的社会保险特征。在经历20世纪90年代短暂的扩张后，农村养老保险受客观条件制约而陷于停顿和萎缩，从90年代后期国家开始对农村养老保险进行整顿。近年来，随着经济和社会发展水平的提高，一些地方开始探索包括农村养老保险在内的不同形式的农村养老保障办法。十七届三中全会明确提出，要“按照个人缴费、集体补助、政府补贴相结合的要求，建立新型农村社会养老保险制度”。2009年9月，国务院下发了《国务院关于开展新型农村社会养老保险试点的指导意见》（国发［2009］32号），决定从2009年起开展新型农村社会养老保险（以下简称“新农保”）试点工作。

新农保工作的基本原则是“保基本、广覆盖、有弹性、可持续”，包括四个方面：一是从农村实际出发，低水平起步，筹资和待遇标准与经济社会发展水平及各方面承受能力相适应，并为今后逐步提高标准留出空间；二是个人、集体、政府合理分担责任，避免纯福利补贴；三是政府引导和农村居民自愿相结合，通过利益导向和宣传动员引导农村居民普遍参保；四是中央确定基本原则和主要政策，地方制订具体办法和实施方案，对参保农村居民施行属地管理。

（二）新农保基金的筹集

新农保基金由个人缴费、集体补助、政府补贴构成。

个人缴费。参加新农保的农村居民应当按规定缴纳养老保险费。缴费标准目前设为每年100元、200元、300元、400元、500元5个档次，地方可以根据实际情况增设缴费档次。参保人自主选择档次缴费，多缴多得。国家依据农村居民人均纯收入增长等情况适时调整缴费档次。

集体补助。有条件的村集体应当对参保人缴费给予补助，补助标准由村民委员会召开村民会议民主确定。鼓励其他经济组织、社会公益组织、个人为参保人缴费提供资助。

政府补贴。政府对符合领取条件的参保人全额支付新农保基础养老金，其中中央财政对中西部地区按中央确定的基础养老金标准给予全额补助，对东部地区给予50%的补助。地方政府应当对参保人缴费给予补贴，补贴标准不低于每人每年30元；对选择较高档次标准缴费的，可给予适当鼓励，具体标准和办法由省（区、市）人民政府确定。对农村重度残疾人等缴费困难群体，地方政府为其代缴部分或全部最低标准的养老保险费。

（三）新农保的保障对象

年满16周岁（不含在校学生）、未参加城镇职工基本养老保险的农村居民，可以在户籍地自愿参加新农保。新农保体现权利和义务相对等原则，农村居民只有按规定参加新农保并缴纳保费，才能享受新农保的保障和待遇。

（四）新农保的养老金待遇

养老金待遇由基础养老金和个人账户养老金组成，支付终身。中央确定的基础养老金标准为每人每月55元。地方政府可根据实际情况提高基础养老金标准，对于长期缴费的农村居民，可适当加发基础养老金，提高和加发部分的资金由地方政府支出。个人账户养老金的月计发标准为个人账户全部储存额除以139（与现行城镇职工基本养老保险个人账户养老金计发系数相同）。参保人死亡，个人账户中的资金余额，除政府补贴外，可以依法继承；政府补贴余额用于继续支付其他参保人的养老金。

（五）新农保的待遇领取条件

年满60周岁、未享受城镇职工基本养老保险待遇的农村有户籍的老年人，可以按月领取养老金。新农保制度实施时，已年满60周岁、未享受城镇职工基本养老保险待遇的，不用缴费，可以按月领取基础养老金，但其符合参保条件的子女应当参保缴费；距领取年龄不足15年的，应按年缴费，允许补缴，累计缴费不超过15

年；距领取年龄超过 15 年的，应按年缴费，累计缴费不少于 15 年。

（六）新农保基金的管理

建立健全新农保基金财务会计制度。新农保基金纳入社会保障基金财政专户，实行收支两条线管理，单独记账、核算，按有关规定实现保值增值。试点阶段，新农保基金暂实行县级管理，随着试点扩大和推开，逐步提高管理层次；有条件的地方也可直接实行省级管理。

应用实例一

16~59 周岁的人员，符合参保条件的可自愿参保，缴纳保费。××村村民王某，年龄 45 岁。其所在县是新型农村社会养老保险试点县，王某参加新型农村养老保险的程序如图 18－1 所示。

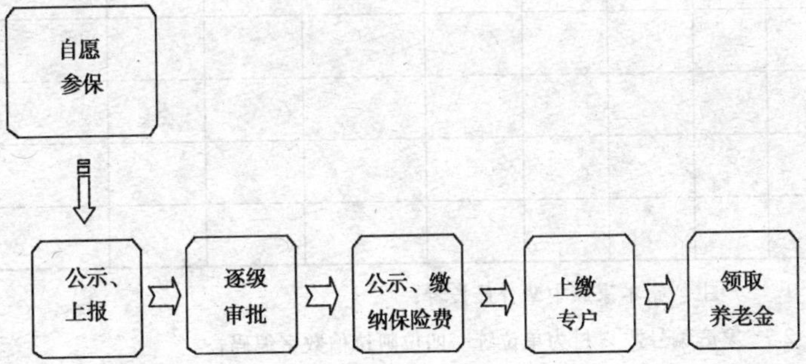

图 18－1

1. 自愿参保。该村新农保领导小组办公室工作人员逐家入户采集人口信息，王某自愿参保，凭本人户口簿、身份证等信息填写“××县新农保户口登记表”（见表 18－1）和“××县新农保适龄人员登记表”（见表 18－2）。

表 18－1　　　　× ×县新农保户口登记表

__________乡镇（街道）__________村__________组、家庭编号__________

年　月　日

<table>
<tr><td>户主</td><td></td><td>性别</td><td></td><td>出生年月</td><td></td><td rowspan="2">家庭住址</td><td></td><td>身份证号</td><td></td><td>备注</td><td></td></tr>
<tr><td>配偶</td><td></td><td>性别</td><td></td><td>出生年月</td><td></td><td></td><td>身份证号</td><td></td><td>备注</td><td></td></tr>
</table>

<table>
<tr><td rowspan="10">家庭成员情况</td><td>姓名</td><td>性别</td><td>出生年月</td><td>家庭住址</td><td>身份证号</td><td>是否属参保对象</td><td>何年参保</td><td>与户主关系</td><td>备注</td></tr>
<tr><td></td><td></td><td></td><td></td><td></td><td></td><td></td><td></td><td></td></tr>
<tr><td></td><td></td><td></td><td></td><td></td><td></td><td></td><td></td><td></td></tr>
<tr><td></td><td></td><td></td><td></td><td></td><td></td><td></td><td></td><td></td></tr>
<tr><td></td><td></td><td></td><td></td><td></td><td></td><td></td><td></td><td></td></tr>
<tr><td></td><td></td><td></td><td></td><td></td><td></td><td></td><td></td><td></td></tr>
<tr><td></td><td></td><td></td><td></td><td></td><td></td><td></td><td></td><td></td></tr>
<tr><td></td><td></td><td></td><td></td><td></td><td></td><td></td><td></td><td></td></tr>
<tr><td></td><td></td><td></td><td></td><td></td><td></td><td></td><td></td><td></td></tr>
<tr><td></td><td></td><td></td><td></td><td></td><td></td><td></td><td></td><td></td></tr>
</table>

注：1. “户主”指本家族中辈分最长者；

2. “家庭编号”以村为单位统一四位阿拉伯数字编码；

3. “是否参保”必须说明；

4. 此表一式三份，县、乡、村各一份。

调查员：　　　　　　　　　村（居）委会签章：

乡镇（街道）签章：

表 18－2　××县新农保适龄（16—60 周岁）人员登记表

＿＿＿＿＿乡镇（街道）＿＿＿＿＿村＿＿＿＿＿组

年　月　日

序号	家庭编号	姓名	性别	出生年月	家庭住址	身份证号	是否参保	联系电话

注：1. “家庭编号”以村为单位按表（见表 17－1）的家庭编号依序排列填报。

2. 此表一式三份，县、乡、村各一份。

村（居）委会签章：　　　　　　　　乡镇（街道）签章：

2. 公示、上报。该村新农保领导小组办公室将王某等本村农民参保情况统计后，提交村新农保领导小组讨论并公示 5 天。公示无异议后，将参保情况上报乡新农保领导小组办公室。

3. 逐级审批。乡新农保领导小组办公室对××村等辖区内所有村上报的参保情况进行审核，填写审核意见，盖章后上报县新农保领导小组办公室。县领导小组办公室对各乡镇（街道）上的报参保情况进行复核，重点复核各乡镇（街道）上报的各种表格信息与县公安局提供的户籍底册信息是否一致，经复核符合要求的，提交县新型农村社会养老保险经办机构。县新农保经办机构对县新农保领导小组办公室提交的参保资料逐一核对、汇总。对符合条件的，提交县新农保领导小组审定后，予以批准参保。

4. 公示、缴纳保险费。××村将审批结果在村组政务公开栏或群众聚集地显要位置公示7天，公示无异议，建立参保档案，向王某发放“缴费证”。村新农保领导小组集中收取保险费，并向王某等本村参保农民开具财政局监制的统一收款收据。

5. 上缴专户。村新农保领导小组两名以上经办人员一起将全村的保险费缴存到乡新农保领导小组指定的银行账户。村新农保领导小组持银行对账单到乡新农保领导小组换取××省财政厅监制的收款收据。乡新农保领导小组将收缴的基金一次性汇缴县新农保基金专户，并报送基金收支计划。

6. 领取养老金。待王某年满60周岁以后，可按月领取养老保险金。

应用实例二

年满60周岁的人员，在其符合参保条件的子女、儿媳、孙子（女）按规定全部参保情况下，可以直接领取养老保险金。

××省××县××乡××村村民李某，年龄66岁。其所在县是新型农村社会养老保险试点县。李某符合参保条件的家庭成员均已参保，其可直接领取养老保险金。程序如下：

具体操作流程如图18－2所示。

1. 自愿参保。××村新农保领导小组办公室工作人员逐家入户采集人口信息。李某自愿参保，凭本人户口簿、身份证等信息填写“××县新农保户口登记表”和“××县新农保领取养老金人员审批表”（见表18－3）。

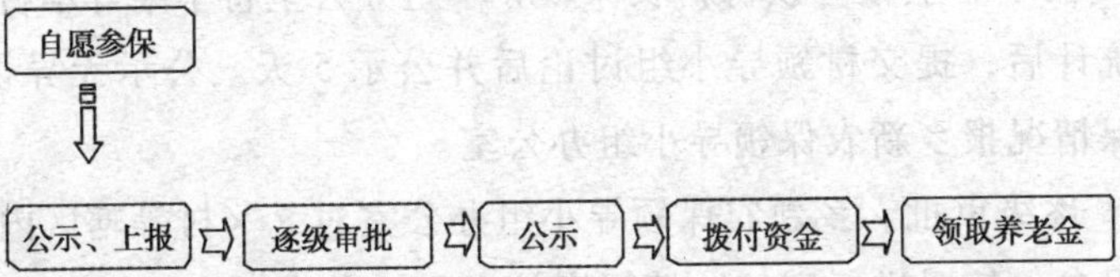

图 18－2

表 18－3　　××县新农保领取养老金人员审批表

______乡镇（街道）______村______组

年　月　日

<table>
<tr><td>姓名</td><td></td><td>性别</td><td></td><td>民族</td><td></td><td>出生年月</td><td></td><td rowspan="3">贴照片处</td></tr>
<tr><td>家庭住址</td><td colspan="5"></td><td>家庭成员参保状况</td><td></td></tr>
<tr><td>身份证号</td><td colspan="5"></td><td>本人开始缴费时间</td><td></td></tr>
<tr><td>缴费年限</td><td></td><td>个人账户累计</td><td></td><td>月个人账户养老金</td><td></td><td>月奖励养老</td><td colspan="2"></td></tr>
<tr><td>乡级领导小组意见</td><td colspan="8">（民劳所代章）
年　月　日</td></tr>
<tr><td>县级领导小组意见</td><td colspan="8">该参保人员符合按月享受新农保养老保险金条件，同意自批准时间次月起，月发放养老金　元。
经办人：　　审核人：
（县新农保经办机构代章）
年　月　日</td></tr>
</table>

注：1. “家庭编号”以村为单位按表 17－1 的家庭编号依序排列填报。

2. 此表一式两份，县、乡各一份。

2. 公示、上报。该村新农保领导小组办公室将李某等本村参保情况统计后，提交村领导小组讨论后并公示 5 天。公示无异议后，将参保情况报乡新农保领导小组办公室。

3. 逐级审批。乡新农保领导小组办公室对××村等辖区内所有村上报参保情况进行审核，填写审核意见，盖章后上报县新农保领导小组办公室。县新农保领导小组办公室对各乡镇（街道）上报参保情况进行复核，重点复核各乡镇（街道）上报的各种表格信息与县公安局提供的户籍底册信息是否一致，经复核符合要求的，提交县新型农村社会养老保险经办机构。县新农保经办机构对县新农保领导小组办公室提交的参保资料逐一核定、汇总。对符合条件的，提交县新农保领导小组审定后，予以批准参保。

4. 公示。村新农保领导小组办公室将审批结果在村组政务公开栏或群众聚集地显要位置公示 7 天，村民无异议，建立参保档案，向李某发放“领取证”。

5. 拨付资金。县财政局每月根据县新农保领导小组上报的养老金待遇支出计划进行审核后，将补助资金拨付到县新农保基金支出专户，县新农保领导小组将养老金待遇支付金额清单、资金转账凭证等提供给指定金融机构，由金融机构代发。

6. 领取养老金。李某可凭本人身份证和银行存折到指定银行领取养老金。

注：新型农村社会养老保险待遇资金实行社会化发放。

十九、农村五保供养政策

（一）农村五保供养制度建立的背景

我国在新中国成立之初就建立起农村五保供养制度，通过集体互助共济方式，对符合条件的困难群众给予保吃、保穿、保住、保医、保葬（孤儿保教）的五保供养，让农村最困难的群体彻底摆脱流离失所、无依无靠的境地，弘扬了爱老敬老、扶残助孤的社会主义新风尚。1996 年，国务院颁布了第一部农村社会救助条例，即《农村五保供养工作条例》。随着农村税费改革的推进，农村五保工作也在发生变化。2006 年，国务院对《农村五保供养工作条例》进行了修订，标志着与社会主义市场经济体制相适应的新型农村五保供养制度的建立，对于进一步做好农村五保供养工作、保障农村五保供养对象的正常生活、促进农村社会保障制度的发展具有重要意义。这次修订，丰富了五保供养的内容，标志着我国农村五保供养工作走上了规范化、法制化管理的轨道。

（二）农村五保供养的资金来源

农村五保供养资金由地方人民政府在财政预算中安排。有农村集体经营等收入的地方，可以从农村集体经营等收入中安排资金，用于补助和改善农村五保供养对象的生活。中央财政通过农村税费改革转移支付，对财政困难地区在资金上给予适当补助。

（三）农村五保供养的对象

五保供养的对象（以下简称“五保对象”）是指村民中符合下列条件的老年人、残疾人和未成年人：一是无法定扶养义务人，或者虽有法定扶养义务人，但是扶养义务人无扶养能力的；二是无劳动能力的；三是无生活来源的。法定扶养义务人，是指依照婚姻法规定负有扶养、抚养和赡养义务的人。确定五保对象，应当由村民本人申请或者由村民小组提名，经村民委员会审核，报乡、民族乡、镇人民政府批准后，发给“五保供养证书”。

（四）农村五保供养的内容和标准

供给粮油、副食品和生活用燃料；供给服装、被褥等生活用品和零用钱；提供符合基本居住条件的住房；提供疾病治疗，对生活不能自理的给予照料；办理丧葬事宜。农村五保供养标准不得低于当地村民的平均生活水平，并根据当地村民平均生活水平的提高适时调整。农村五保供养标准，可以由省、自治区、直辖市人民政府制定，在本行政区域内公布执行，也可以由设区的市级或者县级人民政府制定，报所在省、自治区、直辖市人民政府备案后公布执行。

（五）农村五保的供养形式

对五保对象，可以根据当地的经济条件，实行集中供养或者分散供养。具备条件的乡、民族乡、镇人民政府应当兴办敬老院，集中供养五保对象。敬老院实行民主管理，文明办院，建立健全服务和管理制度。五保对象入院自愿，出院自由。敬老院可以开展农副业生产，收入用于改善五保对象的生活条件。地方各级人民政府和有关部门对敬老院的农副业生产应当给予扶持和照顾。实行分散供养的，应当由乡、民族乡、镇人民政府或者农村集体经济组织、受委托的扶养人和五保对象三方签订五保供养协议。

应用实例一

村民刘某，60岁，无子女，申请享受农村五保供养。操作程序见图19－1。

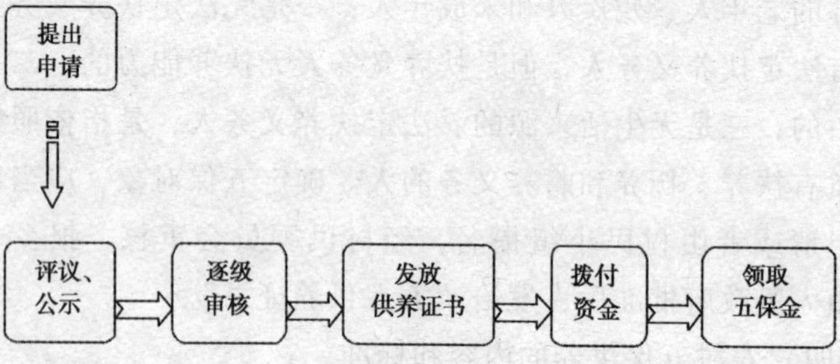

图19－1

1. 提出申请。2009年，刘某向其所在村村委会提出书面申请（因年幼或者智力残疾无法表达意愿的，由村民小组或者其他村民代为提出申请）。

2. 评议、公示。刘某所在村村委会民主评议后，在其所在村范围内公示。

3. 逐级审核。公示无重大异议的，由其所在村村委会将评议意见、“五保供养审批表”、刘某身份证、户口簿复印件等相关材料报送乡民政所审核。乡民政所在20日内提出审核意见，并将审核意见和相关材料报送县民政局审批。

4. 发放供养证书。县民政局审批通过后，向刘某发放“农村五保供养证书”。

5. 拨付资金。县财政局每季度初根据县民政局上报的五保供养资金用款计划，对供养类型、享受人数和供养标准等进行审核后，将农村五保供养资金直接拨付到在指定银行开设的农村五保资金专户。

6. 领取五保金。指定银行依据县民政局提供的享受农村五保人员名单、资金转账凭证等，直接将五保供养资金打入为刘某开设的银行存折中。刘某每季度可凭本人身份证和银行存折到指定银行领取五保金，各地根据供养方式确定不同的供养标准，发放资金数额不同。

注：农村五保资金实行社会化发放。

应用实例二

村民沈某，夫妻二人无儿女，年满60周岁时，村里准备为其办理五保供养，夫妻却将原有的三间砖瓦结构房屋卖给了他人，招致村组干部和村民反对，没有让他们享受村五保待遇。一晃近十年，沈某丈夫去世，她年老力弱，已无劳动能力，又无其他资助和生活来源，于是沈某请人代写了一份申请书，年初向村委会书面请求享受五保供养待遇。村民委员会为此即时召开会议，邀请有村民代表参加的会议进行民主评议，对沈某的实际情况进行讨论后，认为符合五保条件，让其填写了“五保供养申报表”，有十余名村民代表在申报表上签名按手印表示同意；后在村务公开栏进行公告，公告期内无异议，于是村委会盖了公章，签署同意上报镇政府的评议意见。

镇政府民政科收到村民委员会上报的材料后，对材料进行了审查，又派员到沈某所在村组进行实地调查核实，主要了解其家庭状况和经济来源两个方面。镇政府在收到村评议意见之日起的20日内完成审核程序，经审核通过后，报请县民政局审批。县民政局的审批过程为：一是材料审查，包括内容真实性、程序合法性和材料的有效性审查；二是复核，主要包括公正性、公开性、规范性等方面的复核；三是审批决定，县民政局认为沈某符合五保供养条件，发给“农村五保供养证书”。

县民政局将沈某所在镇和村组、姓名、性别、年龄、身份证号码等基础信息提交到市财政局，由县财政局在当地农村信用社为沈某办理了涉农补贴“一折通”存折，并送交到沈某手中，由此为沈某落实了五保待遇。沈某个人提出分散供养、不进镇办敬老院的要求，财政部门每季度将供养金汇入到其“一折通”个人账户，由沈某随时领取。由于能按季度及时发放五保供养金，使沈某老有所养。

应用实例三

村民李四2010年6月刚满60周岁，妻子已去世多年，没有儿子，有一个女儿已出嫁外地多年并且重度残疾，生活很困难，无法赡养李四。李四目前一个人独住，生活能自理，家里房子完好。邻里们认为李四孤身一人应该符合农村五保条件，建议他申请农村五保资格。

申报办理的程序如下：

1. 申请。李四向户籍所在地村委会提出书面申请，要求纳入农村五保供养范围，并填写“五保户入保呈批表”，提交身份证、户口本原件、复印件。

2. 受理。村委会审核李四提交的有关材料后，认为李四符合农村五保对象条件，予以受理。村委会征求了李四旁亲（兄弟、侄子、外甥等）意见后，组织村民代表评议，评议通过后公示，公示期5天。公示无异议，遂报镇人民政府审核。

3. 审核。镇人民政府对村委会上报的材料进行审核，审核通过后填写意见报县民政局审批。

4. 审批。县民政局对李四的材料进行审查，认为李四已年满60周岁，没有儿子，虽有女儿，但女儿没有能力赡养，目前李四家里房子完好，自理能力较强，同意其纳入农村五保分散供养范围。县民政局在李四五保户入保呈批表上填写如下意见：批准给予李四纳入农村五保供养待遇，享受分散供养待遇，每月领取分散供养金100元。

5. 发放。县民政局向李四发放了“农村五保供养证书”。李四向县民政局提供在农村信用社开设的账号，县民政局每月委托农村信用社向李四拨付五保供养金，由李四到当地信用社柜台直接领取。

应用实例四

村民陈五2010年63岁，妻子已去世多年，有个儿子陈小五41岁，因为智残没有娶老婆。陈五为了照顾儿子无法务农，家里房子因无钱维修已成危房，父子俩平日靠拾荒为生，露宿街头。陈五感到自己年龄越来越大，无法再照顾儿子，想向政府申请帮助，但不知道该怎么办。政府工作人员建议他申报农村五保供养。

申报办理的程序如下：

1. 申请。陈五向户籍所在地村委会提出书面申请，要求与儿子共同纳入农村五保供养范围，并填写了“五保户入保呈批表”，提交身份证、户口本原件、复印件。

2. 受理。村委会审核陈五提交的有关材料后，认为陈五和儿子符合农村五保对象条件，予以受理。村委会征求陈五旁亲（兄弟、侄子、外甥等）意见后，组织村民代表评议，评议通过后公示（公示期不得少于5天）。公示无异议，报镇人民政府审核。

3. 审核。镇人民政府对村委会上报的材料进行审核，审核通过后，填写意见报城区民政局审批。

4. 审批。城区民政局对陈五的材料进行审查，认为陈五已年满60周岁以上，儿子属智残，没有劳动能力赡养，即法定赡养人无赡养能力，同意其纳入农村五保供养范围；儿子陈小五属残疾且无劳动能力、无生活来源、抚养人无抚养能力，同意其纳入农村五保供养范围。城区民政局考虑到陈五家已成危房，不宜居住，陈小五又需人照顾，在征得陈五本人同意后，在陈五五保户入保呈批表上填写如下意见：批准给予陈五、陈小五农村五保供养待遇，享受集中供养待遇，安排在镇敬老院居住，每月领取集中供养金160元。

5. 发放。城区民政局向陈五、陈小五发放了“农村五保供养证书”。每月由镇民政办干部发放现金给陈五、陈小五。

二十、自然灾害生活救助政策

（一）农村自然灾害生活救助制度建立的背景

1950年初，我国成立了中央救灾委员会和中国人民救灾总会，通过了《中国人民救灾总会章程》，并确立了“生产自救，节约度荒，群众互助，以工代赈，并辅之以必要的救济”的救灾工作方针。近年来，自然灾害救济工作力度不断加大。2005 年，根据《国务院办公厅关于印发国家自然灾害救助应急预案的函》（国办函［2005］4 号)，各级财政部门建立了应急拨款制度，做到急事急办、特事特办。2002 年、2006 年、2007 年、2009 年，中央财政四次调整灾民生活救助项目和标准，调整后灾民生活救助项目主要包括：灾害应急救助、灾民倒塌房屋恢复重建、旱灾临时生活困难救助和灾民冬春临时生活困难救助、遇难人员死亡抚慰。

（二）农村自然灾害生活救助的资金保障

农村自然灾害生活救助资金来源主要是各级财政拨款。为确保救灾资金第一时间拨付灾区，中央财政明确了“特事特办、急事急办”的救灾拨款工作原则，为救灾工作顺利开展全力做好资金保障。如根据民发［2002］127 号文件规定，救灾应急资金在 10 日内下达到县级，县级在 5 日内落实到受灾群众手中；新灾补助资金和冬春生活救助资金在 30 日内下达到县级，县级在 15 日内落实到受灾群众手中。同时，研究建立救灾捐赠资金缴拨绿色通道，确保社会捐赠资金及时拨付灾区并得到合理、规范、有效的使用。

（三）农村自然灾害生活救助的标准

救灾补助标准实行动态调整机制。随着国家经济实力的不断提升和救灾工作实际需求的逐步提高，近年来，国务院多次调整救灾项目，补助标准也随着人们生活水平的提高不断调整。如 2002 年出台《特大自然灾害救济补助费测算标准》和《关于规范特大自然灾害救济补助费分配管理有关问题的通知》（民发［2002］127 号)，扩大了救助范围，明确了补助项目，提高了补助标准；之后的几年，政策对补助项目和补助标准又做过几次调整。2009 年确定了最新中央自然灾害生活补助标准，即紧急转移安置补助标准为人均 150 元（台风为人均 70 元)；地震倒房户均补助 1 万元，其他灾害倒房户均补助7 000元，地震损房户均补助900元；旱灾临时生活救助为人均30元；冬春灾民临时生活救助为人均50元；遇难人员死亡慰问金补助为每人5 000元。其他灾害补助视灾情研究确定。

（四）自然灾害生活救助资金的申领程序

各地在紧急灾情发生前后，地方政府要积极组织力量将危险地带群众转移安置在安全地区，同时统筹使用本级和上级财政安排的自然灾害生活救助应急资金，安排储备或临时采购粮食、水、衣被、药品、救灾帐篷等应急物资，直接发放到转移安置点，并设置临时伙房、医疗点等，保障受灾群众有饭吃、有衣穿、有住所、有干净水喝、有病能医。在恢复重建期间，主管部门对灾民倒房实际情况进行评估确认后，地方各级财政部门要积极配合主管部门，根据具体的倒房恢复重建补助标准，确定合理的补助金额，及时安排补助资金。同时，受灾群众也会通过社会慈善团体、借亲靠友等途径筹集一部分重建资金，并积极投入恢复生产。

应用实例一

村民张某因遭受自然灾害，冬春时节家庭生活出现临时困难。经以下程序（如图20-1所示），张某一家获得了政府的救助款物。

1. 确定救助对象。县民政局按照本级“受灾群众生活救助预案”和“需救济人口台账”，组织所辖乡级民政部门进行排查，初步确定出本级“受灾群众救助名单”。乡民政所在进行灾情排查时，将张某列入“受灾群众救助名单”。

2. 所在村评议、初审。乡民政所将初步确定的“受灾群众救助名单”交张某所在行政村，召开村民大会或村民代表会进行民主评议，审核张某等受助对象的资格。

3. 报县、乡民政部门审核、备案。村民委员会将民主评议的结果报乡民政所审核。乡民政所审核后，报县民政局审批并备案。

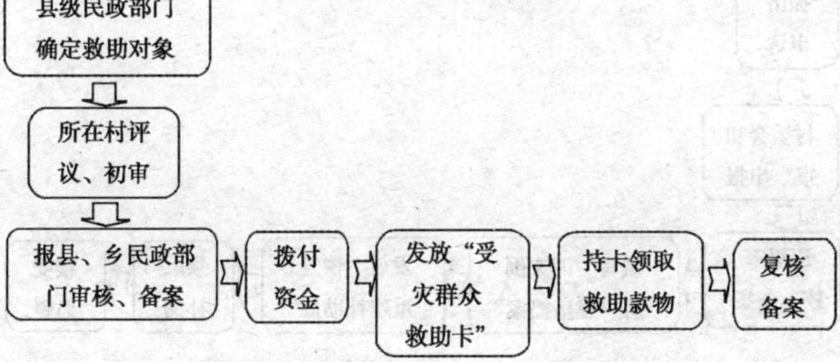

图 20－1

4. 拨付资金。县民政局根据审核认定的救助对象人数和计算需要救助的资金，向县财政局提出用款申请，县财政部门审核后予以拨付，其中救灾物资如棉衣、粮食等，需要政府采购的，按规定程序进行。

5. 发放"受灾群众救助卡"。乡民政所根据"受灾群众救助花名册"，以户为单位，向张某等救助对象发放"受灾群众救助卡"(也可由县民政局发放)。

6. 领取救助款物。张某持"受灾群众救助卡"领取救助款物，并在"受灾群众救助花名册"上签名按指印。乡民政所在张某持有的"受灾群众救助卡"上盖章（本级救助款物发放专用章)、填写发放时间和发放人签名。

7. 复核备案。救灾款物发放完毕后，县民政局将救助对象领取清单送县财政局复核、备案。

应用实例二

灾区倒塌民房恢复重建包括集中建房和分散建房两种情况，现以分散建房为例进行说明。

村民李某，2009 年夏季因遭受暴雨灾害，房屋倒塌，经以下程序（如图 20－2 所示）得到灾区倒塌民房恢复重建补助。

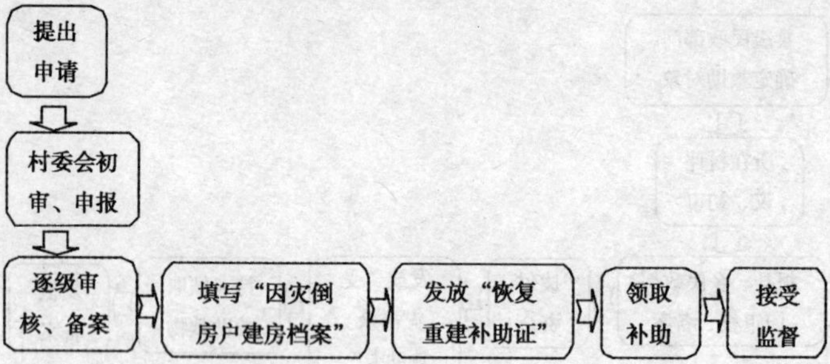

图 20－2

1. 提出申请。2009 年灾后，李某向村委会提出补助申请，据实上报所受损失和家庭人口情况（集中建房由村委统一申请）。

2. 村委会初审、申报。××村召开村民代表大会，对李某等申请人员进行民主评议。村民委员会将评议通过的申报名单上报乡政府，同时在村内进行公示（集中建房由乡政府审核各村申请后，统一申报）。

3. 逐级审核、备案。乡政府对申报名单进行审核，并报县民政局审批。县民政局对审批通过的名单进行两次公示，并报市民政局备案（集中建房还需报省民政厅备案）。

4. 填写“因灾倒房户建房档案”。公示无异议后，乡民政所组织李某等分散建房户填写“因灾倒房户建房档案”（集中建房由县民政局组织填写“灾区恢复重建项目审批表”）。

5. 发放“恢复重建补助证”。补助对象和补助标准确定后，由县民政局向李某等确认的灾区民房恢复重建补助对象发放统一格式的“恢复重建补助证”（也可由乡民政所发放）。

6. 领取补助。李某凭“恢复重建补助证”，根据建房实际进度，分阶段到乡民政所领取政府补助资金或县民政局统一购买的建筑材料（建材购买实行政府采购，集中建房不直接发放资金）。

7. 接受监督。县、乡民政部门必须按补助款物的发放时段，通过媒体向社会公布发放情况，接受社会监督。村级必须将恢复重建补助款物的受益人姓名、补助标准、补助数量、家庭人口等情况，在村政务公开栏张榜公布，接受群众监督。

二十一、农民工社会保障政策

（一）政策背景

改革开放以来，大量农村富余劳动力告别“日出而作，日落而息”的传统生活模式，义无反顾地闯进陌生的城镇，成为全面建设小康社会的重要力量。同时，因城镇发展和工业建设用地需要，因耕地被占用而失去土地的农民数量大大增加。他们务农无地、上班无岗，迫切需要政府帮助解决基本生活和长远生计问题。上述两个群体的就业和社会保障问题已经成为影响我国社会稳定和经济社会持续发展的一大难题。

（二）农民工社会保障政策措施

近年来，国家出台了一系列农村劳动力转移和农民工社会保障的政策措施，主要涉及逐步实行城乡平等的就业制度、健全公共就业服务体系、加强农民工职业技能培训、妥善解决农民工社会保障问题等，中央财政也统筹考虑、安排了开展上述工作的资金。

1. 按政策要求，普遍向符合条件的进城农民工提供免费职业介绍服务、一次性职业培训和职业技能鉴定补贴等。

2. 组织实施农村劳动力转移培训“阳光工程”，以提高他们的就业能力和创业能力。

3. 鼓励农民工参加社会保险。参加社会保险的农民工规模日益扩大。2008 年，财政部会同有关部门研究制定了包括农民工在内的流动人口跨地区流动时的基本养老保险关系转移办法，拟待国务院批准后颁布实施。在各级政府的努力下，城市的万家灯火与农民工的距离将不再遥远。

应用实例一

农民李某现在×市某镇工厂务工。因工作多年，比较勤劳，且具有一定的技术特长，与工厂签订了劳动合同，并参加了当地政府部门办的养老保险。自2006年起，工厂根据《×市外来农民工医疗保险暂行办法》的规定，又为李某向×市劳动保障部门的社保机构办理了外来农民工医疗保险，按月缴纳基本医疗保险费，还从李某月工资中扣5元大病补充医疗保险。

2009年春节后，李某感觉身体不适，就凭工厂发给他的医疗保险证到镇卫生院门诊治疗，前后几次共花费653元，病情不见好转，转到市医院就诊，确诊为胃癌，需住院救治。因李某筹资不足，工厂为其垫付了医药费，确保李某进行手术治疗，至11月底，共花医疗费54 492元。

按照《×市外来农民工医疗保险暂行办法》的有关规定结算，李某在镇卫生院前后几次花去的600多元门诊费用，只能按每年累计发生500元以内符合基本医疗保险规定的门诊医疗费用，给予30%的门诊统筹基金补偿，超过500元的部分，门诊统筹基金不予补偿，李某可报得门诊统筹基金补偿150元。因李某患有特殊病种，符合医保规定的住院和门诊特殊项目医疗费用，×市医院属二级医院，住院治疗的起付标准为400元，李某医疗费54 492元减400元后的54 092元分别由基本医疗保险统筹基金分为按4万元的90%和14 092元的95%的比例结付报销；李某前后共花去医疗费用计55 145元，按上述规定，除可报销一级医院门诊费用150元，还可报销二级医院住院及门诊特殊项目医疗费用49 387.4元；报销后李某个人实际只负担5 607.6元。

应用实例二

2006 年，民工李某与某市企业继续签订了两年的劳动合同，月工资为 1 500 元，签订合同后，发生以下事项：

1. 根据《失业保险条例》第六条规定“城镇企业事业单位按照本单位工资总额的百分之二缴纳失业保险费。城镇企业事业单位职工按照本人工资的百分之一缴纳失业保险费。城镇企业事业单位招用的农民合同制工人本人不缴纳失业保险费”和《社会保险费征缴暂行条例》，该企业每月为李某缴纳了 30 元的失业保险费。

2. 根据《国务院关于建立城镇职工基本医疗保险制度的决定》“用人单位缴费率应控制在职工工资总额的 6% 左右，职工缴费率一般为本人工资收入的 2%”和《社会保险费征缴暂行条例》，该企业和李某本人每月分别缴 90 元和 30 元共 120 元的医疗保险费。

3. 根据《国务院关于完善企业职工基本养老保险制度的决定》和《社会保险费征缴暂行条例》，该企业和李某本人每月缴纳 300 元和 120 元共 420 元基本养老保险费。

4. 根据《生育保险条例》、《工伤保险条例》和《社会保险费征缴暂行条例》，该企业每月为李某缴纳生育保险费 12 元，工伤保险费 15 元。

5. 2006 年 12 月，李某上班期间被机器割伤，立即送往工伤治疗定点医院。

6. 2007 年 4 月，李某因患急性病送往当地人民医院，诊断后，需要住院。

7. 2008 年 1 月，该企业由于压缩产量，没有与李某继续签订劳动合同，由于其年纪偏大，再就业非常难，李某处于失业状态。

8. 2009 年 1 月，李某达到退休年龄。

李某可享受的社会保障待遇有：

1. 2006 年 12 月，因工受伤后，李某向当地医疗保险经办机构提出工伤认定申请，经审核，属于十级伤残。《工伤保险条例》第三十条规定："职工因工致残被鉴定为七级至十级伤残的，享受以下待遇：

（1）从工伤保险基金按伤残等级支付一次性伤残补助金，标准为：七级伤残为12个月的本人工资，八级伤残为10个月的本人工资，九级伤残为8个月的本人工资，十级伤残为6个月的本人工资。

（2）劳动合同期满终止，或者职工本人提出解除劳动合同的，由用人单位支付一次性工伤医疗补助金和伤残就业补助金。具体标准由省、自治区、直辖市人民政府规定。"

李某获得由工伤保险经办机构支付的一次性伤残补助金共9 000元（1 500元×6）。

工伤保险申领程序如图21－1所示。

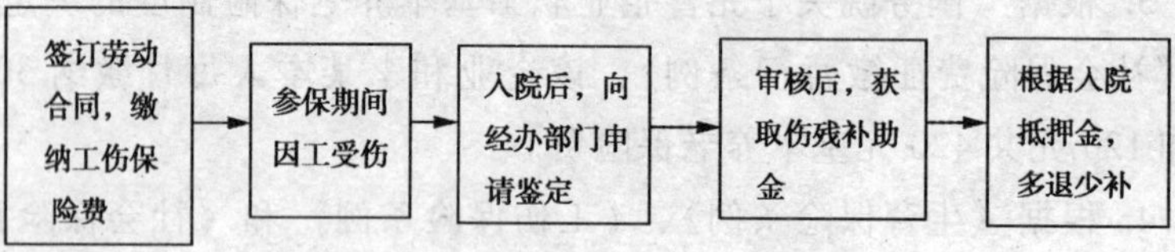

图21－1

2. 2007年4月，李某入院后，向当地医疗保险经办机构提出报销医疗费用申请。出院时，当地医疗保险经办机构与医院结算，根据《××市城镇职工基本医疗保险费用支付范围管理暂时办法》、《××市城镇职工基本医疗保险费用结算管理暂时办法》，经审核，能够报销的医疗费用为3 200元，按照个人自付16%的比例，李某只需缴纳512元的医疗费用。

医疗保险申领程序如图21－2所示。

3.《失业保险条例》第二十一条规定："单位招用的农民合同制工人连续工作满1年，本单位已缴纳失业保险费，劳动合同期满

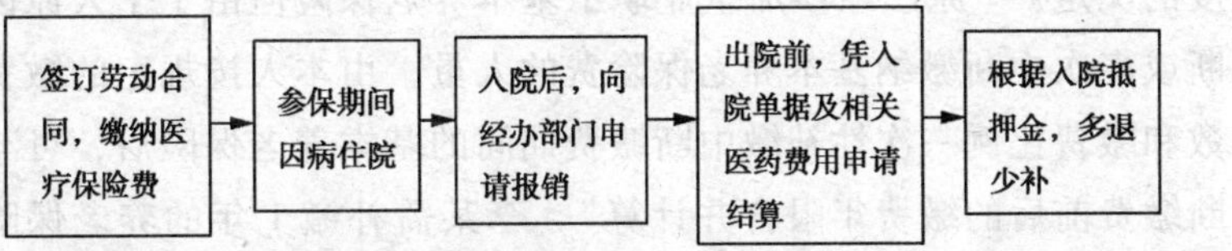

图 21－2

未续订或者提前解除劳动合同的，由社会保险经办机构根据其工作时间长短，对其支付一次性生活补助金。补助的办法和标准由省、自治区、直辖市人民政府规定。”

2008 年 2 月，李某持解除劳动合同的证明和单位参加失业保险缴费情况到该市失业保险经办机构填写“失业保险金申请表”，根据《××省失业保险办法》第二十四条“参加失业保险的农民合同制工人失业后，由失业保险经办机构根据单位为其连续缴费的时间，给其支付一次性生活补助。缴费时间每满 1 年按当地月失业保险金的发放标准发给 1 个月的生活补助，发放期限最长不超过 12 个月”，该市失业保险经办机构核实相关情况后，一次性发李某 9 600元的生活补助金（该市月失业保险金的发放标准为 800 元）。

失业保险申领程序如图 21－3 所示。

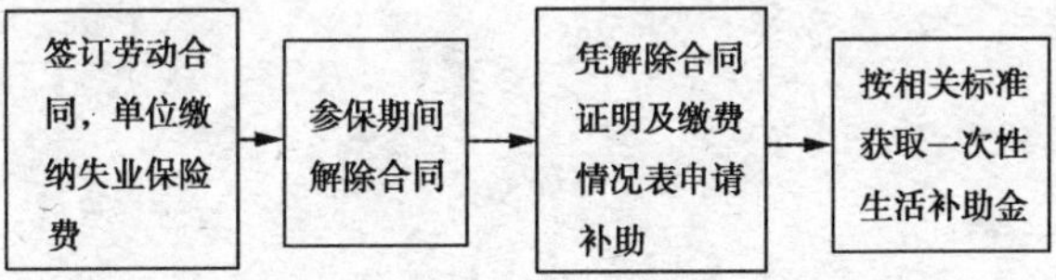

图 21－3

4. 2009 年 1 月，李某填写“领取基本养老金申请表”，向当地养老保险金经办机构申请养老金。经相关部门审核发现，李某只履行 14 年养老保险费的缴纳义务，个人共缴纳了 16 800 元的养老保险费。根据《××省人民政府关于完善企业职工基本养老保险制度的决定》“原已经参加企业职工基本养老保险但由于个人原因中断或多次中断缴纳基本养老保险费的人员，由本人按规定的缴费基数和缴费比例一次性补缴中断缴费期间的基本养老保险后，可与中断缴费前后的缴费年限合并计算”，李某需补缴 1 年的养老保险费共 1 440 元（1 500 ×8% ×12）后才能享受基础养老金。李某填写“个人补缴养老保险费情况表”并补缴 1 440 元的养老保险费，当地养老保险经办机构再次审核后，每月发放李某 355 元（［（1 800 +1 500）÷2 ×15 ×1%］+［（16 800 +1 440）÷170］）=247 + 108 =355 元）的养老金。

养老保险申领程序如图 21 -4 所示。

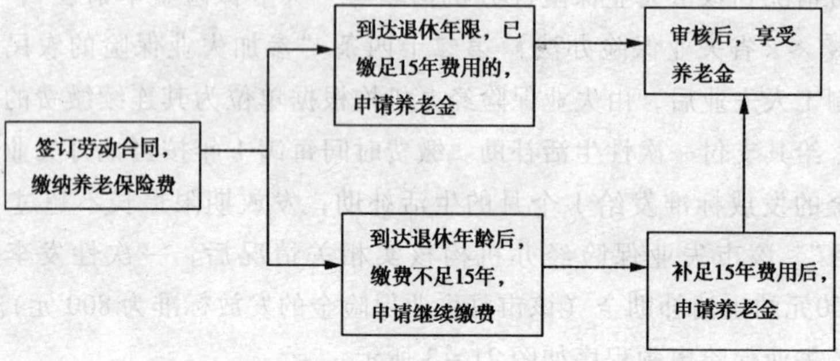

图 21 -4

二十二、全部免除农村义务教育阶段学生的学杂费政策

按照国发［2005］43 号文件和《全国农村义务教育阶段学生免收学杂费的实施管理办法》（财教［2006］4 号）的有关规定，

免除学杂费对象为：在农村地区（含镇）义务教育阶段公办学校就读的学生；在农垦、林场等所属义务教育阶段学校就读的学生；在县城所在地义务教育阶段公办学校就读的贫困家庭学生。免学杂费补助标准由财政部、教育部根据各省制定的“一费制”文件中农村中小学学杂费标准，按中档就高原则逐省份核定。免学杂费补助资金由中央财政和地方财政共同承担，西部地区为8:2，中部地区为6:4；东部地区除直辖市外，按照财力状况分省确定。

2006年，免学杂费政策率先从西部地区和中部部分试点地区实施，约有5 100万名农村义务教育阶段学生受益。在免除学杂费的同时，进一步提高农村中小学预算内生均公用经费拨款标准，所需资金由中央和地方按照免学杂费的比例分担。2007年，改革在全国推开，全国约1.5亿名农村义务教育阶段学生全部享受免除学杂费政策。同时，各省农村义务教育阶段学校生均公用经费达到了省定预算内公用经费拨款标准，最低为小学生均150元、初中生均250元。从2008年开始，将免学杂费资金统一纳入公用经费，不再单独核拨。同时，生均公用经费标准进一步提高，提高幅度为各省预算内公用经费标准与中央出台的公用经费基准定额差额的50%，最低达到小学生均225元、初中生均375元。2009年，全国农村中小学公用经费基准定额全部落实到位，中西部地区达到小学生均300元、初中生均500元，东部地区最低达到小学生均350元、初中生均550元。

免收学杂费政策实施后，学校只能按“一费制”规定收取课本费、作业本费两项代收费项目和寄宿学生住宿费。自2009年春季学期开学起，全部取消寄宿制学生住宿费。

应用实例一

××乡初级中学，2009年秋季学期实有在校生1 237人。按现行农村义务教育阶段学生全部免除学杂费政策规定，该校学生不再向学校缴纳学杂费。

学杂费拨付使用操作流程如图 22－1 所示。

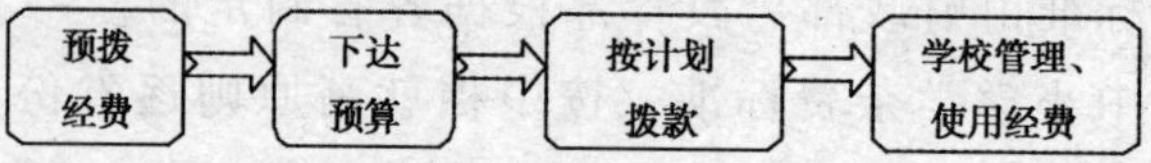

图 22－1

1. 预拨经费。开学前，县财政局向学校预拨部分公用经费，保障学校开学后的正常运转。

2. 下达预算。县财政收到上级财政拨付的公用经费补助资金后，会同县教育局根据学校实际在校生人数和生均公用经费标准测算每所学校应分配的资金，并向学校下达预算。

2009 年，××省农村义务教育学校（含县城、镇）生均公用经费为小学生均 300 元/年、初中生均 500 元/年，并单列下达取暖费生均 30 元/年。按此标准测算，该校 2009 年秋季学期公用经费（含取暖费）为 1 237×265（500/2＋30/2）＝327 805 元。按现行资金分担政策，其公用经费所需资金由中央、省、省辖市财政按 6∶2∶2的比例分担，即中央财政负担 196 683 元、省财政负担 65 561 元、省辖市财政负担 65 561 元，县级财政不再负担（根据该县制定的薄弱学校界定标准、资金倾斜扶持实施办法和该校的实际情况，该校不属于公用经费结余资金倾斜扶持对象，2009 年秋季学期该县因学生人数形成的公用经费结余资金不再向该校分配）。资金分配后，县财政对该校下达了 2009 年秋季学期公用经费预算 327 805元。

3. 按计划拨款。县财政局按预算和支出进度将公用经费直接拨付到该校。

4. 学校管理、使用经费。学校按照有关规定管理使用公用经费。

注：因学生人数差异等因素形成的资金结余，重点向办学条件薄弱学校和边远乡村学校倾斜，促进农村义务教育均衡发展。县级财政部门会同教育部门科学制定薄弱学校的界定标准及资金倾斜扶持的实施办法，切实做到客观公正、公开透明。

应用实例二

王峰，男，现就读于××乡中心校四（1）班。根据相关文件精神，从中央、自治区到县级配套的补助公用经费及免学杂费经费，2009 年春、秋两季学期的补助经费一共有 300 元（其中，县级预算内生均公用经费标准：小学生每生每年 10 元，初中生每生每年 15 元）。每个学期开学后，县级财政就会将这些补助公用经费按时足额拨入各个学校账户。也就是说，王峰在学校读书期间，学校不能再让学生额外缴纳学杂费。按此计算，王峰同学实际上每年享受到 300 元的学杂费补助。

申报办理程序如下：

1. 申报。各中小学校结合上级财政部门按年报数下达免除学杂费补助指标情况，将实际在校学生数上报县教育局（村小在校学生数要先提交乡镇中心校审核）。

2. 受理。县教育局根据学校学生数和补助标准分配指标（标准为：小学 300 元/生年，初中 500 元/生年，特殊教育学校 1 000 元/生年）送达县财政局。

3. 审批。县财政局对县教育局送达的分配方案进行审核。

4. 发放。县财政局按分配方案将资金拨付至乡（镇）财政所，学校到财政所提现并按规定范围使用后，持合法凭据至财政所报账。

二十三、农村义务教育阶段学生免费提供教科书政策

按照《国务院关于基础教育改革与发展的决定》（国发［2001］21号）有关要求，从2001年秋季起，中央财政设立免费教科书专项资金1亿元，为中西部农村义务教育阶段家庭经济困难学生免费提供教科书，重点用于国家扶贫开发工作重点县和民族地区、边疆地区的省定贫困县，补助标准为每学年生均小学55元、初中100元、特教60元。此后，中央免费教科书资金规模逐年扩大，到2005年达到27.8亿元，覆盖了中西部地区农村义务教育阶段贫困家庭学生，约3 400万人。

2006年，农村义务教育经费保障机制改革实施以来，对农村义务教育阶段家庭经济困难学生全部免费提供教科书。所需资金，中西部地区由中央全额承担，东部地区由地方自行承担。2007年11月，经国务院同意，财政部、教育部对免费教科书政策作了调整：从2007年秋季学期开始，向全国农村义务教育阶段学生免费提供国家课程的教科书，所需资金由中央财政承担。从2008年春季学期开始，免费提供地方课程的教科书，所需资金由地方财政承担。同时，中央财政从2008年春季学期起，将国家课程免费教科书的补助标准提高到小学90元、初中180元，并建立部分科目免费教科书的循环使用制度。循环使用的科目为：小学的科学（3～6年级）、音乐、美术或艺术等科目；初中的体育、音乐、美术或艺术等科目。由中央财政免费提供，只对学校进行配备，学生本学期使用，学期结束时归还学校，供下一级学生使用。为保证循环使用教

科书的质量，中央财政每年按照循环使用教科书书款的一定比例安排资金，用于循环教科书的补充更新。

应用实例一

××乡初级中学2009年秋季学期实有在校生1 237人。根据相关政策规定，学生上学用书全部由国家免费提供。

免费提供教科书的操作流程如图23－1所示。

图23－1

1. 订购教材。开学前，县教育局按照该校上报的学生人数连同辖区内其他学校上报的学生人数一起向县新华书店订购教科书（包括循环使用科目教材和非循环使用科目教材），该校凭相关手续直接到县新华书店领取非循环使用科目教材1 237套，并按学生人数的一定比例领取循环使用科目教材若干套，于开课前向学生发放。

2. 下达资金。中央、省财政下达资金到省辖市财政，省辖市财政下达资金到县级财政。

3. 结算书款。县财政收到上级免费教科书资金后，按照免费教科书政府采购确定的结算价格和学校实际用书数量据实结算，直接将资金拨入教科书供应商（县新华书店）账户。

注：免费教科书结余资金按规定全额用于集中采购能够满足教科书循环使用需要的存储和消毒设备，集中采购并向学生免费提供与国家课程教科书相关的辅助学习资源（练习册、外语磁带等）。学校按有关要求，加强对循环使用教材的登记、发放、回收、统计、消毒、保管、更新等环节的管理，做好部分国家和地方课程教材循环使用工作。

该县财政、教育部门用免费教科书结余资金采购图书及消毒柜，并为该校配备部分图书及两台消毒柜。该校按照有关要求，对循环使用教材的登记、发放、回收、统计、消毒、保管、更新等环节进行管理，做好教材循环使用等日常管理工作。

应用实例二

1. ××乡中心小学是一所拥有从一年级至六年级的乡级小学，现有在校学生526人。根据市财政局、教育局《转发财政部、教育部关于进一步加强免费提供教科书工作的若干意见的通知》的精神，从2005年春季学期起，对贫困生执行免费提供教科书政策。根据市财政局、教育局《关于下达2007年秋季扩大免费教科书覆盖范围中央专项资金的通知》（×财教［2007］66号）精神，从2007年秋季起，执行对在校学生全部免费提供教科书，使该校全部在校学生享受到每人每学期35元的免费教科书优惠政策。目前，小学免费提供的教科书种类有：品德与生活（品德与社会）、语文、数学、外语、科学、艺术（或选择音乐、美术）、综合实践活动（信息技术等）科目教科书。现在，526名小学生每个学期开学后，在新的课本下发时，只要在签收花名册签上自己的名字，就可以高高兴兴地领取到该学期的全部教材。

2. 罗华，女，现就读于某县某镇中心校一（1）班，从2007年秋季学期开始，就不用再缴纳国家课程的教科书书费。每个学期开学后，在新的书本下发时，罗华和全校同学一样，只要签字即可领取课本。根据财教［2007］21号文件精神，中央决定从2007年秋季学期起，对农村义务教育阶段所有学生免费提供国家课程的教科书，所需资金由中央财政负担。中央按照小学35元/生学期，初中70元/生学期的标准进行补助。也就是说，罗华从上小学一年级开始到初中三年级毕业，上课所需要的属于国家课程的教科书书费就不用再交了。

其申报办理程序如下：

1. 上报数据。开学前，各义务教育学校将学生人数报县新华书店，县新华书店将数据提交省（自治区）新华书店。

2. 发放资料。省（自治区）新华书店按上报的学生数，将免费教科书下发至县新华书店，县新华书店再运送教科书至各义务教育学校，并与学校办理签领手续。

3. 核查。学期末，教育局组织人员到各义务学校检查验收教科书书目是否与教育部规定书目一致，经费则由省（自治区）新华书店与省（自治区）财政厅进行结算。

二十四、关于农村义务教育阶段家庭经济困难寄宿生的生活费补助政策

按照国发［2005］43号文件和《财政部、教育部关于调整完善农村义务教育经费保障机制改革有关政策的通知》（财教［2007］337号）的有关规定，2006年，农村义务教育阶段家庭经济困难寄宿生生活费补助资金主要由地方承担，补助对象、标准及方式由地方政府确定。从2007年秋季学期起，中央出台中西部地区农村义务教育阶段家庭经济困难寄宿生的生活费基本补助标准：小学生每生每天补助2元，初中生每生每天补助3元，学生每年在校天数均按250天计算。享受寄宿生生活费补助的贫困学生比例，由省级财政、教育部门根据当地实际情况确定。中央财政对中西部地区落实基本标准所需资金按照50%的比例给予奖励性补助，地方财政应承担的50%部分，由省级财政统筹落实。中西部地区可在中央确定的基本标准的基础上，根据实际情况调高标准。调高标准所需资金，由地方财政负责解决。对东部地区，所需资金主要由地方财政自行承担，中央财政给予适当奖励。

应用实例一

××乡初级中学 2009 年秋季学期实有在校生 1 237 人。该校学生刘某是一名寄宿生，因父亲身患重病，家中生活困难，属农村义务教育阶段家庭经济困难寄宿生生活补助政策补助对象。刘某 2009 年秋季学期需经过图 24－1 所示程序申请此项补助。

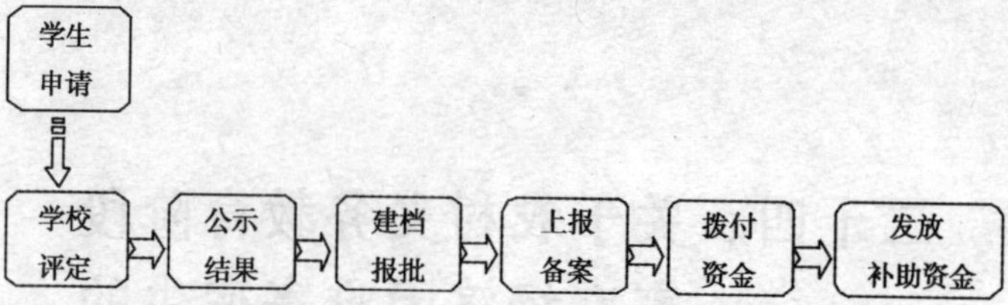

图 24－1

1. 学生申请。刘某向班主任老师提出申请并填写申请书，内容包括：学生基本情况、学生家庭基本情况、申请补助理由等，写好后交给学校。

2. 学校评定。学校成立由学生家庭所在村委会成员代表、学生家长代表和教师代表等组成的评审小组，按照政策规定和相关办法对刘某等人提交的申请进行评审，初步确定刘某等为受助对象。

3. 公示结果。学校将评审结果在校内及刘某等学生家庭所在行政村分别进行公示，公示期 7 天。

4. 建档报批。公示无异议后，学校组织受助寄宿生填写登记表，建立受助寄宿生档案，并将受助寄宿生名单及评审公示情况上报县教育局、财政局。

5. 上报备案。县教育局、财政局负责审定和批复受助寄宿生名单，并逐级上报省教育厅、财政厅备案。

6. 拨付资金。县教育局、财政局收到上级下达的 2009 年秋季学期经济困难寄宿生资金和名额后，根据该县家庭经济困难寄宿生分布等实际情况，确定该校的资助名额为 390 人，应拨付该校当期贫困寄宿生补助资金 390 × （250/2） ×3 = 146 250 元（每学年学生在校时间按 250 天计算。每生 3 元/天的补助中，中央财政负担 1.5 元/天、省辖市财政负担 0.5 元/天、县级财政负担 1 元/天，2009 年该校秋季学期“一补”资金由中央财政负担 73 125 元、省辖市财政负担 24 375 元、县财政负担 48 750 元）。县财政局将“一补”资金直接拨付到学校。

7. 发放补助资金。学校收到县财政局补助资金后，将刘某应获得的 2009 年秋季学期每生 375 元（250/2 × 3 元/人天）生活费补助资金以现金形式发给刘某或其家长，刘某或其家长在受助学生名单上签字。

应用实例二

× ×县实验初中初二年级学生黄山家庭经济困难，经班主任调查了解，其家庭年人均收入不足 683 元，属于符合文件规定的资助对象，学校确定其为享受农村义务教育阶段家庭经济困难寄宿生生活补助政策的学生。2009 年春、秋季学期，县教育局下达县实验初中的资助名额为 509 人，实验初中收到教育局下达的文件通知后，按照文件规定的资助条件，组织有条件获得补助寄宿制学生生活费的学生提出申请，班主任让黄山填写了“家庭经济困难寄宿生生活费补助申请表”。学校按照公平、公正、公开的原则，由学生家长、村（居）委会干部和教师代表组成评审小组，对申请补助寄宿制学生生活费的学生家庭进行审核，按县下达的名额拟定受助学生名单。然后将初拟的包括黄山同学在内的 509 名寄宿贫困生名单在学校公示 7 天，公示期无异议后，实验初中将评定公示情况及 509 名学生基本情况的花名册报到县教育局。经审核后，县教育局计财股按实验初中 509 名寄宿贫困生的生活补助按人均 375 元/学期的标准共计 19.09 万元补助经费拨到实验初中账上，由学校组织发放。在签收花名册上签下了自己的名字后，黄山作为家庭经济困难寄宿生领到了每学期 375 元财政补助。最后，学校将签收花名册报县教育局备案。

应用实例三

杨龙，男，现就读于××乡中心小学四（1）班，内宿内膳生。由于该县属于民族自治县，寄宿生生活补助实行全覆盖。像杨龙这样在学校吃、住的学生可以享受专项用于寄宿生在校期间的一天 3 元、一个学期 375 元的伙食补助。同时，由于杨龙系学校民族班学生，因此他也得到了县级财政一年 60 元的生活补助。

每学期开学后，学校就会把内宿内膳的学生名单在学校内及学生家庭所在乡镇范围内进行不少于 7 天的公示，公示无异议后，学校将受助学生名单上报县级财政、教育部门备案。当地财政部门在开学后会将补助经费下拨到学校，学校就把补助费以现金的形式发放到学生手里。根据以上标准，杨龙每学期可以获得的生活补助费为 435 元。杨龙领取补助费的时候，必须是本人亲自领取，并在发放生活补助登记表里签字确认，其他任何人不能代领代签，就连父母也不能代领代签，除特殊情况以外。

补助资金申报办理程序如下：

1. 申报。各中小学校结合上级财政部门按年报数下达贫困寄宿生生活补助指标，将实际在校寄宿生人数上报县教育局（小学在校学生数要先提交乡镇中心小学审核）。

2. 受理。县教育局根据寄宿生人数和补助标准分配指标（标准为：小学 500 元/生年，初中 750 元/生年）送县财政局审核。

3. 发放。县财政局按分配方案将资金拨付至乡（镇）财政所，学校到财政所提现，将补助以现金形式发放至学生手中，最后持学生签领现金花名册至财政所报账。

二十五、村级公益事业建设一事一议财政奖补试点政策

一事一议财政奖补，是指对村民通过规范的一事一议筹资筹劳开展村内公益事业建设项目，政府采取以奖代补的方式，给予适当财政奖补。其目标是以农民自愿出资出劳为基础，逐步构建“政府引导激励、农民筹资投劳、社会捐资赞助”的农村公益事业投入新机制，促进社会主义新农村建设。

（一）开展一事一议财政奖补试点的背景

农村税费改革前，村提留、乡统筹和农村劳动积累工、义务工（以下简称“两工”）是村级公益事业建设的主要资金、劳务来源。农村税费改革逐步取消了村提留、乡统筹和“两工”，规定村级公益事业建设所需资金、劳务，实行村民一事一议。但是，一事一议筹资筹劳工作开展不平衡，整体覆盖面较小，不能满足村级公益事业建设投入的需求，村级公益事业建设投入总体上呈下滑趋势。农村基础设施脆弱，社会事业发展滞后，已经成为影响社会主义新农村建设和发展现代农业的障碍，需要采取措施，尽快加以解决。

黑龙江省从2004年开始，省级财政每年安排1亿元开展一事一议财政奖补试点，取得了较好的成效。2008年，在总结黑龙江省试点经验的基础上，国务院农村综合改革工作小组研究提出了建立村级公益事业建设一事一议财政奖补制度的意见，上报国务院，国务院副总理回良玉明确批示，赞同先行试点，总结经验，完善政策，逐步扩大。据此，国务院农村综合改革工作小组、财政部、农业部于2008年选择黑龙江、云南、河北三省，正式启动一事一议

财政奖补试点。

（二）一事一议财政奖补试点的重要意义

党的十七届三中全会明确提出，要牢牢把握我国社会主义初级阶段的基本国情和我国总体上已进入以工促农、以城带乡发展新阶段的阶段性特征，扩大公共财政覆盖农村的范围，调动农民积极性，充分发挥农民主体作用和首创精神，建设社会主义新农村，形成城乡经济社会发展一体化新格局。2009 年中央 1 号文件明确要求，要总结试点经验，完善相关政策，扩大农村公益事业一事一议财政奖补试点范围。在当前应对国际金融危机、扩大内需、促进经济平稳较快发展的新形势下，按照中央精神，扩大一事一议财政奖补试点范围，具有十分重要的意义。

1. 有利于完善和激活一事一议制度，加快农村公益事业建设步伐。村级公益事业项目属于准公共产品，政府、集体和农民都有投入责任，政府不可能全部包揽。农村税费改革前，村级公益事业建设主要依靠村提留和农村“两工”，农村税费改革取消了农业税和农村“两工”，大幅度减轻了农民负担，对村级公益事业建设当时规定通过村民一事一议筹资筹劳解决，但由于当时相关配套措施不完善，没有发挥应有的作用，工作缺乏推动力，农民积极性调动不起来，出现“事难议、议难决、决难行”的现象，从农村税费改革到一事一议财政奖补试点前，村级公益事业建设投入总体呈下滑趋势。村级公益事业建设成为农民反映强烈、要求迫切的民生问题。通过扩大试点，建立健全村级公益事业建设一事一议财政奖补制度，发挥财政资金带动作用，有利于完善一事一议筹资筹劳制度，激活农村公益事业投入机制，巩固和扩大农村税费改革成果，让农民依靠自己的双手，在政府支持下，改善他们的生产生活条件。

2. 有利于拉动内需，促进农村经济社会平稳较快发展。由于国际金融危机的影响，许多企业，特别是中小企业，生产经营遇到了前所未有的困难，农村劳动力转移形势严峻。据有关部门抽样调查，在外务工的1.3亿农民中，有2 000多万人面临就业压力。农民工返乡既是当前我国经济生活中的突出问题，也是一笔宝贵的人力资源。中央果断决策，作出扩大内需、保持经济平稳较快发展的战略决策。扩大内需的潜力在农村，民生工程的重点也在农村。建立健全农村公益事业一事一议财政奖补制度，也是拉动农村内需的重要举措、有利平台和坚实基础。通过试点，把各方面资源整合起来，调动农民积极性，增加农村投入，充分利用农村富余劳动力发展公益事业，可带动农民就业，提高农民收入水平，拉动农村投资和消费，促进农村发展。

3. 有利于健全农村公益事业建设新机制，促进形成城乡经济社会发展一体化新格局。我国长期形成的城乡二元结构没有根本消除，工农关系不协调、城乡关系失衡的局面没有根本改变。农业基础仍很薄弱，最需要加强；农村发展仍然滞后，最需要扶持；农民增收仍然困难，最需要加快。解决“三农”问题，破除城乡二元结构，是一项长期的历史任务，需要继续贯彻落实“多予、少取、放活”的方针。建立健全农村公益事业建设一事一议财政奖补制度是贯彻落实这一方针的重大具体举措，有利于增加公共财政对农村的投入，引导社会资金流向农村，促进城乡公共服务均等化，加快形成城乡经济社会发展一体化新格局。

4. 有利于调动农民参与公益事业建设的积极性，促进农村基层民主政治建设。建设社会主义新农村，培育新型农民，需要充分发挥农民的主体作用和首创精神。通过扩大试点，推进村民大会、村民代表会议为主要形式的村民民主议事决策实践，充分行使农民的民主权利，维护农民的合法权益，既有利于促进乡村政权组织转变职能，密切联系群众，为村级公益事业建设提供必要的支持和服务，又有利于激发和调动广大农民在村级公益事业建设中民主议事、定事、办事、管事的积极性和创造性，让农民当家作主，促进农村基层民主政治建设。

（三）开展一事一议财政奖补试点的原则

开展一事一议财政奖补试点工作总的要求是促进村级公益事业建设和村民民主建设，既让农民感受到公共财政的好处，又要防止农民负担反弹，因此，开展一事一议财政奖补试点需要坚持以下原则：一是坚持农民自愿，量力而行。开展一事一议财政奖补试点，要尊重农民的主体地位，调动农民参与的积极性，坚持农民自愿，量力而行，妥善处理调动农民积极性和减轻农民负担的关系，切实做到三个“不突破”，即不突破一事一议奖补范围，奖补范围目前仅限于现有支农资金渠道尚未覆盖的“户外村内”的道路、水利设施、环卫绿化设施、村容村貌改造等村级公益事业；不突破各省级人民政府规定的筹资筹劳上限标准；不突破项目按村内人均筹资额、每个劳动力投工日和每个工日折资标准计算的筹补总额标准，对项目预算超过筹补资金总额的，一律不予批准建设。二是直接受益，注重实效。一事一议财政奖补项目必须考虑村级集体经济组织、农民和地方财政的承受能力，要加强项目规划，量力而行，重点支持农民需求最迫切、反映最强烈、利益最直接的村级公益事业建设项目，适当向贫困村倾斜，提高项目效用，防止盲目攀比。三是因地制宜，分类指导。各地要结合实际，制定财政奖补政策，加强分类指导，确保财政奖补政策切实可行和农民群众直接受益。四是加强管理，规范操作。要规范议事程序，健全各项制度，确保议事和审批过程、政府奖补项目的申报、资金和劳务的使用管理透明、公开，实现管理的精细化和科学化。

（四）村级公益事业建设投入责任的界定

村级公益事业与农民生产生活直接相关，受益面广，具有一定的公益性和公共性，但受益者主要属于村内农户，属于准公共产品，既不能完全由政府包揽，也不能由农民全部承担。政府、村集体经济组织和农民都有建设的责任，需要按照受益的原则，合理划分政府、村集体经济组织和农民在村级公益事业建设中的责任。原则上，跨村以及村以上范围的公益事业建设项目投入应主要由各级政府分级负责，由现有的投入渠道解决；村内小型水利设施、村内道路、村内环卫设施、村内植树造林等村民直接受益的公益事业，应以村民通过一事一议筹资筹劳和村集体经济组织投入为主，国家适当给予奖补；农民房前屋后的修路、建厕、打井、植树等投资投劳应由农民自己负责。

（五）一事一议财政奖补的范围

考虑当前支农资金的投入分工，为避免与现有支农资金的交叉和重复，全面提高支农专项资金整体效益，村级公益事业建设一事一议财政奖补的范围，主要是以村民一事一议筹资筹劳为基础、支农资金没有覆盖的村内水渠（灌溉区支渠以下的斗渠、毛渠）、堰塘、桥涵、机电井、小型提灌或排灌站等小型水利设施，村内道路（行政村到自然村或居民点）和环卫设施、植树造林、村容村貌改造等村级公益事业建设。

（六）村级公益事业建设一事一议财政奖补资金来源

考虑到农村税费改革取消农村劳动积累工、义务工对村级公益事业建设投入影响较大，中央和省级财政积极调整支出结构，从财政预算中安排一定资金作为一事一议财政奖补资金。由于村级公益事业项目具有准公共产品性质，为妥善处理国家与农民、中央与地方的关系，政府按照农民筹资筹劳（目前农民筹劳按一个工日20元折算）开展村级公益事业总额的1/3予以奖补。所需补助资金由地方各级政府承担2/3，中央财政承担1/3，并适当向中西部倾斜，形成一事一议财政奖补激励机制。同时，以新农村建设规划为平台，鼓励有条件的地方，结合实际，将支农专项资金和一事一议财政奖补资金捆绑使用，分别管理，各记其功，重点解决农民最急需、最现实的村级公益事业建设问题。倡导社会捐资赞助，鼓励集体经济积极投入，形成奖补资金的稳定来源。随着一事一议财政奖补试点工作的不断深入，中央和省级财政将根据财力状况，逐步增加一事一议财政奖补资金，并适当提高对中西部地区的奖补比例。对一事一议财政奖补资金，争取做到早安排、早拨付，使财政奖补资金和农民筹资筹劳资金有机结合起来，使项目早动工、早建设、早受益。

（七）一事一议财政奖补资金管理制度

为加强财政奖补资金的管理和使用，试点地区主要实施以下几项制度，确保村级公益事业建设一事一议财政奖补试点工作的有序进行：一是实行资金预拨和清算制。为支持一事一议项目建设，上级财政可预拨部分奖补资金，实行建设和奖补并行，在项目竣工验收合格后办理清算，多退少补。村级公益事业建设一事一议财政奖补资金在"对村级一事一议的补助"科目中反映。地方财政要将中央财政安排的奖补资金用于支持村级一事一议建设，不得截留、挪用。二是实行报账制。试点县（市）要按照新农村建设规划和群众意愿，建立一事一议项目计划，量力而行，分步实施。要按照不同的项目实施主体和项目金额大小，分别实行县级报账制和乡镇报账制，只有在村民筹资、村集体投入、社会捐赠资金到账，具备项目开工条件后，才能由村级提出申请，由县级或乡镇财政部门按工程进度拨付资金。三是实行公示制。试点省份和地区要按照政府信息公开的要求，全面公开一事一议财政奖补的政策标准、实施办法、办事程序和服务承诺。一事一议奖补项目要有村民代表实施项目全程监督和管理。已建成的一事一议奖补项目，乡镇或村民委员会要将项目资金（实物）的安排使用情况向全体村民公示，得到村民认可。四是加大监督考核力度。财政部门要加大管理力度，加强对财政奖补资金管理使用情况的监督检查和绩效考核。对财政奖补资金管理和使用中的违法行为，依据《财政违法行为处罚处分条例》（国务院令第427号）等有关规定追究法律责任。

（八）一事一议财政奖补工作程序

一是试点地区的选择。中央根据农村改革发展的总体部署和中央财政的财力状况，确定要选择多少省开展试点。拟申请试点的省份，制订试点工作方案报国务院农村综合改革工作小组审核。国务院农村综合改革工作小组会同财政部、农业部从省级财政安排的一事一议财政奖补资金、试点工作基础、防止农民负担反弹的配套措施等方面进行评估，最后确定试点省份，以正式文件批复。各试点省份根据上级批复的试点方案，结合本省实际情况，以省政府名义正式印发试点工作方案，启动试点工作。有的省还规定，试点县的工作方案只有在省里审核同意后，才能实施。二是奖补资金的申报。奖补资金的申报实行自下而上、先建后补，由开展一事一议筹资筹劳的村申请，乡镇人民政府对村级申报奖补项目的合规性、可行性和有效性进行初审，县级财政、农业部门按职责复审并汇总上报省级农村综合改革领导小组办公室、财政、农业部门审核确定奖补项目和资金。三是奖补资金的拨付。为使试点工作尽快开展起来，先预拨部分资金，实行项目建设和奖补并行，在项目竣工验收合格后办理结算，全部兑现奖补资金。中央根据试点范围和工作进度拨付奖补资金，省级财政部门接到中央奖补资金后，按照省级审定的“奖补资金申请汇总表”，连同省级奖补资金，拨付到县，由县级人民政府统一负责管理，专项用于村级公益事业一事一议项目奖补。政府奖补资金列入地方各级财政决算“对村级一事一议的补助”科目中反映。实行一事一议财政奖补项目报账制，原则上只有在村民筹资、村集体投入、社会捐赠资金到账，具备项目开工条件后，才能提出申请，由县级或乡镇财政部门按工程进度拨付资金。

（九）开展一事一议财政奖补试点的实施步骤

村级公益事业建设点多面广，情况复杂，一事一议财政奖补工作需要先行试点，总结经验，逐步推进。2008 年，中央选择黑龙江、河北、云南三个工作基础较好省份在全省范围内开展一事一议财政奖补试点工作。为进一步加强对全国农村综合改革联系村的具体实践指导，充分发挥联系村的窗口和示范作用，2008 年还在全国农村综合改革联系村所在的吉林省前郭县、安徽省休宁县和江苏省通州市开展了此项试点工作。2009年按照中央精神，在总结试点经验的基础上，将扩大试点范围扩大到17个省，其中，10个省份在全省范围内试点、7个省份局部试点。2010年拟将全省试点的省份扩大到20个，其余省份局部开展试点。争取到2011年，在全国推开村级公益事业一事一议财政奖补工作，在全国范围内建立村级公益事业一事一议财政奖补制度。

（十）一事一议财政奖补试点工作的配套措施

建立一事一议财政奖补制度需要推进相关配套改革，以保障其顺利实施。一是建立健全一事一议民主议事机制。一事一议是实行财政奖补的基础。要认真贯彻落实《国务院办公厅关于转发农业部村民一事一议筹资筹劳管理办法的通知》（国办发［2007］4号）精神，遵循村民自愿、直接受益、量力而行、民主决策、合理限额的原则，规范议事程序，明确议事范围，确定限额标准，细化管理措施，积极稳妥引导农民自愿出资出劳。同时，严格执行相关规定，防止将一事一议筹资筹劳变成加重农民负担的口子。二是建立健全监管制度。一事一议财政奖补项目建设的内容、筹资筹劳的数量、奖补金额等纳入村级财务公开内容，及时向农民公布。各级财政、农业部门每年定期组织共同检查，对一事一议奖补项目的合规性、规范性和有效性进行检查，发现违规操作要责令纠正，并移送有关部门，追究相关当事人的责任。三是建立一事一议财政奖补档案制度。乡镇要将村民一事一议筹资筹劳的会议记录、村民签字方案、“奖补项目申请表”等原始材料汇总归档，对一些重点奖补的项目和基础数据，省或县也要建档立册，规范管理，夯实工作基础。四是建立村级公益设施管理和养护新机制。按照“谁投资、谁受益、谁所有、谁养护”的原则，明确小型公益设施的所有权，落实养护责任主体。一事一议财政奖补形成的资产，归项目议定主体所有，可成立相应的农民专业合作组织，承担项目的日常管理养护责任。鼓励社会各界投资农村公益事业，对现有的农村小型公益设施，可通过承包、租赁、拍卖等形式实行市场化运作，提高使用效率和养护水平，探索村级公益事业发展的新机制。

（十一）试点取得显著成效

一是带动了农村投入，改善了农村生产生活条件。截至2009年11月底，中央和地方财政共投入194.68亿元奖补资金（其中，中央财政2008年和2009年已分别拨付了2.5亿元、35亿元），带动了村级公益事业总投入628亿元，已建成或正在建设项目25万余个，硬化村内道路47万公里，修建村内小型水利设施24万处，村内环卫设施100多万平方米。二是扩大了农村消费，拉动了农村内需。黑龙江省2009年通过一事一议财政奖补解决了96.6万户的安全饮水问题，增加有线电视用户16万户，促进农民对家电的消费。内蒙古自治区2009年通过建设708个财政奖补项目，使694个行政村、4.5万农户受益，为农民工提供了4.5万个就业机会，提高了农民收入，增加了农民消费能力。初步统计，2009年，全国通过试点，拉动农村内需1 200多亿元，2.6亿农民受益。三是解决了老百姓多年盼望解决的问题，密切了党群干群关系。贵州省瓮安县桐梓坡村4户农民在政府支持下筹资筹劳修建了一座过溪小桥，解决了多年“出行难”的问题，他们自愿将该桥命名为“感恩桥”，以感谢党的好政策。甘肃省宕昌县玉地河村过去没有出山公路，祖祖辈辈进出物资靠人背牲驮，通过财政奖补，筹集39万元修建了一条简易公路，村里的农产品运到县城销售方便快捷，农民收入普遍提高，村民给乡村干部披红挂彩送锦旗，以表谢意。四是加强了农村基层民主政治建设，促进了农村和谐稳定。村民事、村民议、村民定、村民建、村民管，提高了村民主体地位，增强了民主意识，议出了农民的积极性，议出了干群之间的融洽，议出了农村和谐稳定，许多村组群众主动要求搞试点，从过去“要我干”转变为现在“我要干”。贵州省瓮安县银盏乡尖山村主动试点，有的农户因修路需要拆猪圈也毫无怨言，签字画押不要补偿。

（十二）进一步开展试点的政策思路

实践证明，建立村级公益事业建设一事一议财政奖补制度，是转变经济发展方式、破解农村公益事业建设难题、扩大农村有效需求的重大举措，是完善基层民主建设、维护农村和谐稳定的重要措施，是推动政府支农资金整合、发挥资金整体效益的有效办法。

试点工作引起了党中央国务院的高度重视。2009 年 3 月回良玉副总理批示：村级公益事业一事一议财政奖补试点工作，取得了积极成效，积累了有益经验。扩大试点，对拉动内需、完善乡村治理机制、推进新农村建设具有重大意义。望认真总结经验，不断完善政策，探索建立“政府资助、农民参与、社会支持”的村级公益事业建设新机制。在实际工作中，必须坚持农民自愿、因地制宜、量力而行，妥善处理调动农民建设积极性和减轻农民负担的关系，坚决防止农民负担反弹。2009 年 10 月李克强副总理批示：一些地方实施“一事一议”财政奖补的办法值得进行了解，对探索过程中的经验亦可总结，以深入研究如何建立既不增加农民负担、又有效解决农村公益事业资金短缺难题的机制。2009 年 11 月胡锦涛总书记又作出重要批示，要求实地了解该制度实施情况，总结经验，破解村级公益事业建设面临的难题。

认真贯彻落实党中央、国务院领导的批示精神，进一步搞好试点工作，下一步的工作思路是：

1. 稳步推进一事一议财政奖补工作。目前，在推进社会主义新农村建设过程中，地方政府积极性很高，但如何调动农民参与的积极性，需要构建一个适合农村实际的有效机制。建立村级公益事业建设一事一议财政奖补制度则提供了一个这样的制度平台，建议循序渐进扩大试点范围，不断总结试点经验，以新农村建设规划为指导，以农民自愿为前提，不断完善村级公益事业建设新机制，争取 2011 年在全国推开村级公益事业一事一议财政奖补工作，并逐步建立村级公益事业项目建设和管护一体的长效机制。

2. 完善一事一议财政奖补政策。根据财力状况，逐步增加财政投入，适当提高财政奖补水平。同时，尽快修订完善现有的财政奖补政策，简化财政奖补办法，将目前政府对农民筹资筹劳按比例补助改为按农民人数每年定额补助。

3. 加强一事一议财政奖补工作监管。一是按照科学化、精细化管理的要求，进一步完善财政奖补操作实施细则，确保财政奖补资金安全规范运行。二是加强对奖补项目的信息监管分析，掌握各地试点动态和奖补资金的拨付使用情况，增强工作指导的有效性。三是加强督促检查和绩效评价。对试点工作成效显著的省份予以奖励，安排必要的工作经费。建立试点竞争淘汰机制，及时纠正截留挪用筹资筹劳资金和奖补资金的行为，防止加重农民负担，确保试点工作顺利进行。

应用实例一

1. 项目建设申请。××县综改办根据县政府要求，召开工作会议，对村级公益事业建设一事一议财政奖补工作进行了安排部署。确定在全县22个乡镇共80个村进行试点。同时，要把县上确定的8个新农村建设示范村和升级晋档的5个村一并纳入试点，县财政局、农工部和县农民负担监督部门就开展试点工作提出了要求。××乡王家村属于试点村，村委会在村民的强烈要求下，计划修建村内公共环卫设施，包括村内垃圾存放点、公共厕所和果皮箱的购置等。按照县政府《××县村级公益事业建设一事一议财政奖补试点工作方案》，该项目符合一事一议财政奖补项目要求。村委会向××乡提出项目申请，然后由乡政府汇总上报，同时上报县农民负担监督部门。

2. 村级筹资筹劳。经由县级审批、省级备案后，王家村村两委召开了村民大会，就修建村内公共环卫设施项目和项目工程预算进行表决并获得一致通过。全村群众共筹资筹劳3万元，本村村民张富贵自愿捐资15 000元。村委会将议决事项公示7天、群众无异议后，将村民筹资筹劳款3万元全额交存财政所一事一议筹资专户。村民理财小组全程监督。

3. 奖补资金的申请。经过两个多月的施工，村内垃圾存放点、公共厕所、果皮箱等都建设到位，项目竣工后，由县综改办牵头，成立项目验收领导小组，抽调专业人员进行验收，并出具验收报告。村委会将项目的各项支出明细共53 200元公示了7天，村民无异议。由村委会填写“××县村级公益事业一事一议财政奖补项目资金拨付申请表”并附项目建设方案、预算表、村民筹资凭据、一事一议筹资专户存款证明以及项目验收报告等相关材料，通过乡政府向县综改和财政部门提出财政奖补申请。如果省里规定，超过了一定限额的财政奖补资金要由省财政厅审定，县财政部门还要对奖补申请审核汇总后，逐级上报省财政厅审定。

4. 奖补资金的拨付。经省财政厅审定后，将中央和省级财政奖补资金按规定标准和程序拨付到县级财政部门，并设立专户专账管理。奖补资金的发放实行县级国库集中支付和报账制，县综改办按该项目村民筹资筹劳总额的33.3%给予奖励补助，并拨付奖补资金到××乡财政所的“村级资金专户”。乡财政所收到资金后，在5个工作日内一次性拨付给王家村一事一议财政奖补资金1万元。

应用实例二

靠山屯现有87户群众，共334人。2009年该县进行屯级路建设，项目总投资3.2万元。根据一事一议财政奖补政策规定，按照如下工作程序，2009年底前87户群众领到了总共17 368元的财政奖补金。

1. 村委会在该屯公布了县政府关于农村一事一议项目的有关奖补政策（财政奖补按村级公益事业建设一事一议筹资筹劳政策规

定，在农民年人均筹资15元、筹劳7个工作日的限额内，财政奖补资金52元/人年），同时召开了屯户主会议，就修建该屯进屯路项目和项目工程预算进行表决。会议一致通过了修建该屯进屯路项目和项目工程预算，同意按15元/人年筹资，筹劳7个工作日，全屯群众共筹资334人×15元/人=5 010元，筹劳334人×7工作日/人=2 338个工作日，集体经济投入和社会捐资3万元。村委将议决事项公示7天、群众无异议后，将群众筹资款5 010元存入财政所专户。

2. 村委会对修建该屯进屯路项目向镇政府提出资金补助申请，并填报了以下资料：（1）“村民（代表）会议一事一议筹资筹劳决议书”；（2）“村级公益事业建设一事一议财政奖补申请审批表”；（3）乡镇财政所专户的存款对账单；（4）一事一议筹资项目预算方案（包括拟建项目内容、资金预算、资金来源、完成时限等）；（5）村民一事一议表决的签字记录；（6）自治区农民负担监督管理办公室统一监制的“一事一议”专用缴款票据存根以及项目决算表等。

3. 镇政府和镇财政所接到村委会上报的项目资金申报材料后，组成工作组深入靠山屯，对其筹资程序、额度、用途等进行审核，看是否符合筹资政策规定，有无变相以资代劳，是否按程序进行一事一议，筹资款是否全额存入乡镇财政所专户，项目是否符合财政奖补范围等。在对项目进行实地勘查后，签署同意申报意见，连同申报材料一并上报县综改办、县财政局和县农业局审批。

4. 县综改办、县财政局和县农业局对该镇上报的项目材料逐项进行审核，按照建设规划和奖补资金规模统筹安排，研究决定同意实施项目后，批复下发到该镇，并报市综改办、财政局和农业局备案。

5. 镇政府成立相应的工作领导小组和项目实施组，加强领导，指导督促靠山屯项目建设。按县综改办、财政局和农业局的项目批复内容统一组织、统一管理、统一监督，由村委会负责指导项目实施，该屯群众具体组织实施。

6. 项目实施完工后，村委会将项目的各项支出明细公示了7天，群众无异议。镇政府组织项目验收组对该屯项目进行了验收，签署验收意见并填好验收报告。验收合格后，由村委会提出项目资金报账申请。

7. 镇政府接到村委会项目资金报账申请后，签署审核意见，上报县综改办、县财政局申请拨付财政奖补资金。

8. 县财政局将奖补资金拨付到镇财政所，镇财政所根据镇政府审核意见，将奖补资金17 368元（334人×52元/人年）兑现给靠山屯，并公示7天。